JN288628

# 黄金の掟

破産回避術

ジョン・ボイク

Pan Rolling Library

Lessons from the Greatest Stock Traders of All Time by John Boik

## 謝辞

理解を示し支えとなってくれた妻のジーナに感謝したい。そして、5歳になる娘のダニエラにも――君が側にいてくれると心がはずんだ。また、この仕事の間、君がコンピュータ（所有者は私）を共有させてくれたことについても、ありがとうを言おう。いつも励ましを与えてくれた素晴らしい友人と両親にも感謝したい。

マグローヒル社の熟練したスタッフ、特に優秀な担当編集者ケリー・クリスチャンセンに謝意を述べたい。

最後に、ウィリアム・オニール氏に感謝したい。氏の成し遂げた偉業、特に、事実に基づく適切かつ良質な市場情報を個人投資家に提供するために払った献身的な努力がなければ、本書は成らなかったであろう。

# 目次

はじめに――8
第1章　ジェシー・リバモア――19
孤独な天才
ウォール街のグレートベア　29
名声の回復　34
成功の軌跡　40
リバモアの方法――標準的な売買ルールの確立
トレーダーとして成功するための能力と特性　43
規律を守るトレーダー　47
新しい売買ルールの開発者　49
折り紙つきの戦略を現代に応用する　64

## 第2章　バーナード・バルーク――74
**「事実博士」**
リサーチは美徳　82
投機家の誕生　85
成功と権力　87
**バルークの手法**
研究を欠かさず、事実を把握する　93
自分で作り上げた規律　98
事実とルール　104
## 第3章　ジェラルド・ローブ――108
**機敏なトレーダー**
**ローブの秘訣**
機敏さと規律が利益をもたらす　114
戦いにおける規律　124
完璧な売買ルール　133

## 第4章　ニコラス・ダーバス――147

**徹底的な「アウトサイダー」**

**ダーバスの方法**

時間をかけて学んだ慎重に行動する能力　160

ボックス理論で数百万ドルもの利益　163

リスクの管理と最小化　165

過ちと新たなルール　171

現代におけるボックス理論の適用　189

## 第5章　ウィリアム・オニール――192

**研究の虫**

最先端のリサーチ　201

**CAN－SLIM戦略**

必須のスキルは最初に修得される　207

規律と事実　212

完全無欠のルール　221

C――現四半期の1株当たり利益　224
A――年間収益の伸び　226
N――新製品、新経営陣、新高値　226
S――需要と供給　227
L――先導株と低迷株　228
I――機関投資家の活動　231
M――相場の方向性　231

第6章　偉大なトレーダーの戦略――257
共通の能力　259
共通の規律　264
共通の売買ルール　272

結論――時代を超えた超一流株式トレーダーの教え――283
参照文献と参考資料

# はじめに

本書は、素晴らしい偉業に関する本である。本書には、株式トレードという極めて困難な試みで最高レベルの成功を達成した5人の人物が登場する。株式トレードで相当の利益を上げ、そこそこの成功を収める人は少なくない（大部分はそうでないが）。しかし、本書で取り上げた人物は「傑出」した業績を残しているのだ。

彼らが超一流なのは、何十年にもわたってとてつもない成功を収めたからだけではない（ひとりは現在も活躍中である）。株式相場で成功するための新たな道を切り開き、年月をかけた検証をも乗り越えてきたからである。株式相場において、年月の検証を乗り越えるということは、並はずれた功績なのだ。

では、彼らはどのような人たちで、どのように優れているのだろうか。

彼らは皆、ウォール街の伝説的人物であり、自らの効果的なトレード戦略について、多くの後進に影響を与えた書籍を著している。まずは簡単な紹介をしよう。

・ジェシー・リバモア（Jesse L. Livermore）

現在も利用可能な革新的なトレード戦略を確立した孤高の天才。とてつもない富を手に入れるが、何回もそれを失うという波乱の人生を送った。最後は、自らの個人的な問題とひどい憂鬱の犠牲となってしまった。

・バーナード・バルーク（Bernard M. Baruch）

知的で洗練された財務家。トレードの成功で大富豪となり、金融界に入って名を上げた。その後、アメリカでも最高レベルの権力を持つ高官となった。

・ジェラルド・ローブ（Gerald M. Loeb）

経済記者、株式ブローカー、そして半世紀以上にわたって何百万ドルもの財を成した積極的トレーダー。厳格な売買ルールの規律を守りつつ相場と「戦った」。

・ニコラス・ダーバス（Nicolas Darvas）

プロダンサーでありながら、偶然に株で儲けたことがきっかけで、成功への断固たる決意を持って株式トレードの世界に飛び込んだ「アウトサイダー」。試行錯誤が長く続いたが、けっしてくじけず、最後には何百万ドルもの富を手にし、タイム誌で特集記事が掲載されるまでに至った。

・ウィリアム・オニール（William J. O'Neil）

事実を重視したリサーチを熱心に行う。途切れることのない綿密な研究と規律ある売買ルールに基づいて、株式トレードで財を成す。その後、プロの投資家と個人投資家の両方を対象にした投資リサーチ情報のビジネスを立ち上げて成功。

株式トレードは、簡単に始められて、しかもすぐに金持ちになれるという思い込みから多くの人を引きつける。しかし現実には、大半の人がそうであるように、手痛い目に遭って思い知らされる。けっして見かけほど、簡単にはいかない。

株式市場は、期待と感情をあらわにされる興味深い場所だ。

しかし本書で挙げた5人の先達者は、たゆまぬ研究・研鑽によって、この厳しい世界に立ち向かう手法を見つけた。それができたのは、日々の細かな相場変動にとらわれず〝その奥にあるもの〟を入念に探り出そうと注力したからにほかならないだろう。

彼らのように最高の成果をつかむには、集中的な観察と研究が必要となる。しかしそれは、ほかの職業でも同じはずだ。大成するためには、集中と必死の努力が不可欠だろう。だが、それを継続するのは難しく、ほとんどの人が十分な集中と努力を払おうとしないのだ。

5人の偉大なトレーダーが経験によって悟ったように、株式相場とは人々が思い描くどおりのものではない。大部分において、大部分の人の期待を裏切るようにできているのだ。

新たな相場サイクルが始まると、その戦いに勝てるという新たな戦略を触れ回る自称専門家が、必ず出現する。新しい本が出版され、新しいニュースレターが書かれ、新しいウエブサイトが開かれ、「新発見の秘訣」だの「相場で成功する新手法」だの

**５人のトレーダーがトレードを行ったおおよその時期**

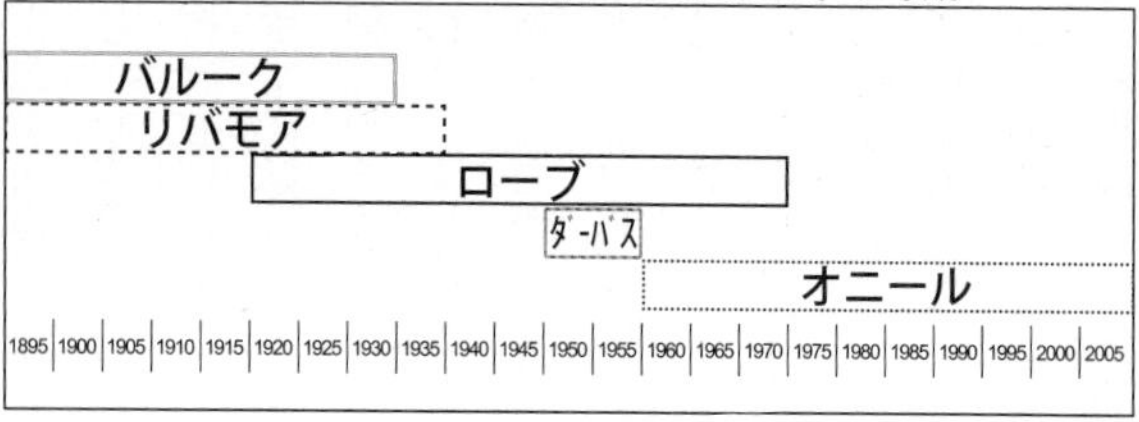


を自慢げに語る。だが、長続きしているものはほとんどなく、継続的な成功をまったく示さずに消え去っていくのだ。

その一方で、スポーツ、音楽、ビジネス、医学などと同じように、その他大勢の人々よりも卓越した少数者が生き残る。これも、株式相場だけが特別ということはない。人生において追求する価値のある、ほかのどんな物事とも同じで、可能なかぎり高いレベルにまで到達するには、必死の努力と専念が不可欠なのである。

株式相場で成功した人は数々いるが、本書では20世紀の間に活躍し成功した５人のトレーダーを取り上げる。彼らが市場でトレードした時期を順次挙げるなら、だいたい１８９２～１９４０年（ジェシー・リバモア）、１８９７～１９３０年代（バーナード・バルークが特に活発にトレードした時期）、１９２１～１９７０年代（ジェラルド・ローブ）、

1952～1960年代（ニコラス・ダーバス）、1960年～現在（ウィリアム・オニール）となる。

全員を合わせれば、取引所での株式売買が100年以上の期間で見ることができ、そのなかで起きたあらゆる局面の株式相場サイクルを、感じ取ることができる。その間、強烈な強気相場や重大な弱気相場など、さまざまに異なる相場環境が現れた。したがって、それらの相場状況に直面した彼らの教えが学べるのだ。

彼らの活躍した時期に違いがあるにもかかわらず、その戦略は、互いに非常に似通っている（彼らの手法、規律、ルールに見られる驚くほどの一致については、第6章でまとめた）。5人のトレーダーは、自らの失敗と経験をとおして、基本的な戦略とトレードの原理に関する共通の結論を見つけだした。そして、その結論によって、相場参加者の大多数がたどり着けないほどの成功を手にしたのである。

多様な相場時期を通した類似性を調べてみると、株式市場に関する非常に重要なポイントがひとつ浮かび上がってくる。それは、年ごとにあるいはビジネスサイクルごとに相場は上げたり下げたりしているが、それを突き動かす要因はけっして大きく変化することはないということだ。どういうことか――。

それは「人間の性質」というものが、ほとんど不変だからである。相場には毎日、何百万人もの人々が参加しているが、どんな日、どんな年、どんな10年をとってみても、相場に作用する「人間の特性」は一部の要素に限られる。不安、欲望、希望、無知などだ。

これら人間的性質は、相場に計り知れない影響を与える。なぜなら、相場はどんなときでも、多種多様な投資家や専門家の見方によって形作られているからだ。

ジェシー・リバモアの有名な言葉によれば、「ウォール街や株式投機には新しいものは何もない。過去に起きたことが、将来も繰り返し繰り返し起きるだけだ。なぜなら、人間的性質は変わらない。そして、人間の感情というものがいつも知性の邪魔をするのである」。

というわけで、1929年だろうが1999年だろうが2029年だろうが、相場は、人間的性質や、将来の利益予想に関する人間の見方・期待に大きく左右されている。株式トレードで成功する少数と、失敗する大多数を分けるのは、この人間的性質の要因を制御できるかどうかにかかっているといえるだろう。

さて、本書に登場するのはウォール街の伝説的人物たちである。ジェシー・リバモアとバーナード・バルークは20世紀初頭に名を馳せた。いずれも斬新なルールと先例を打ち立て、それによってずば抜けた成功と富を手にした。

リバモアは、その人生において何度も挫折と苦難を経験した。だが、巨額の富と大きな個人的成功を達成した彼こそが、相場の真の天才である。実業界の著名なる成功者とも親交を持つ。波乱の人生を送ったが、数え切れないほどの人々から、過去最高のトレーダーと称されている。

バルークは株式トレードで成功したのち、その成功を土台に実業界でも大きな富を築き上げた。財務家としても名声が高く、また政界に飛び込んでからも名を上げている。第一次大戦中には、ウッドロー・ウィルソン大統領のために平和条約の草案作成に加わったほか、戦時産業省の長官も務めている。

ジェラルド・ローブもまた、ウォール街に名を響かせた人物である。株式ブローカー、経済記者として活躍すると同時に、株式市場という「戦場」でも50年以上にわたり成功を収め何百万ドルもの財産を築いた。

彼の古典的名著『ザ・バトル・フォー・インベストメント・サバイバル』（パンローリングより翻訳刊行予定）が出版されたのは1935年。その年、ベンジャミン・グレアムの名著『証券分析』（パンローリング）も同じく本屋の店頭に並んだ。そのため彼は、バリュー投資の創始者と競い合う形になった。

グレアムがバイ・アンド・ホールド戦略を擁護したのに対して、ローブは株式相場で大きな利益を上げる一番確実な方法として、積極的なトレードスタイルを提唱した。この2つの異なる投資スタイルが、対立する形になってしまった。

ニコラス・ダーバスは、タイム誌の特集記事になった。さらに、彼が1960年に出版した『私は株で200万ドル儲けた』（パンローリング）が全国的なベストセラーとなり、それによって彼が用いていたダーバス法が、アメリカ中の注目を集めることになった。ダーバスの成功は、直接証券ビジネスにかかわっていない人物でも、必要な努力さえすれば、株式相場から金銭的な報償を得られることを、意欲に燃えるすべてのトレーダーに提示したのである。

ウィリアム・オニールは、現代の素晴らしいサクセスストーリーである。彼は株式トレードで財を成したあと、手にした富を投資業界支援の事業に投入してさらなる成功を収めた。その冒険的事業の主柱をなすのは、機関投資家にサービスを提供するウィリアム・オニール社と、個人投資家を対象とするインベスターズ・ビジネス・デイリー紙である。そのいずれも、リサーチや投資の信頼できる情報源として、現在の業界で高い評価を得ている。また、オニールの「CAN《キャン》―SLIM《スリム》」投資法を愛好する個人投資家も数多い。

５人の大トレーダーについての書籍はたくさんあり、経歴や戦略などが詳しく紹介されている。なかには、ベストセラーになったものもある。多くが熱心な株式トレーダーの本棚に並べられ、投資の古典的名著と評されている。

読者には、５人の偉大な株式トレーダーの生涯とトレード戦略をさらに詳しく知るために、彼らについて書かれたさまざまな本を読むことを強く勧めたい。出版物に関する情報については、巻末の参考資料の項目に載せた。超一流株式トレーダーの経験を知ることで、多くの教えを学ぶことができるはずだ。

彼らはあらゆる失敗と試行、苦難を経験したが、その後、勝利につながる戦略を確立した。そしてついに、最高のレベルにまで到達したのである。読者が、どのようなことを目指すにせよ、苦難を乗り越え成功した人物こそ最高のお手本になってくれるはずだ。

では、5人の偉大な株式トレーダーを順次取り上げて、株式相場に関して大多数の人間と彼らを分かつ特質を見ていくことにする。

各章では、規律、忍耐、勤勉、不屈の精神を持って厳格なルールに従うことで、どのようにして大きな成果がもたらされるのかを説明していく。読み進めるほどに、5人の類似性に興味を持ってもらえるだろう。

そして、彼らの教えを真剣に学べば、本書に述べた折り紙つきの基本戦略に沿って、読者も自らのルールを発展させることができるはずである。

そうすれば、将来のいずれの日にか、読者の名前が「時代を超えた超一流株式トレーダー」の名誉あるリストに加えられるだろう。

# 第1章　ジェシー・リバモア

――頭を使っただけでは利益は上がらない。待つことが必要だ。

## ■孤独な天才

1877年7月26日、ジェシー・リバモアはマサチューセッツ州の貧しい家に生まれた。父親は農夫で、ニューイングランドのやせこけた土地と苦闘していた。早くから人生に大きな望みを抱いていたのだが、父親が学校を辞めさせて自分と同じ道を歩ませようとしたために家を飛び出した。彼が14歳のときのことである。

母親が持たせてくれた数ドルを手に、彼が向かった先はボストン。彼はそこで、証券会社ペイン・ウェバーの黒板係の職を見つけ、週給わずか6ドルで働きだした。会社の店先にあるティッカーテープ（株価や出来高を刻々と記録していくテープ）に打ち出される株価を、テープ係ができるだけ素早く大声で読み上げる。それを、壁の端から端まである大きな黒板に書いていくのが彼の仕事だった。

数学が得意だったリバモアにとって、ウォール街でティッカーテープを扱うのはまさに天職だった。数字にかけては天才的で、写真同然の記憶ができる。なんといっても、学校では3年分の数学を1年で終わらせていたほどだ。

ペイン・ウェバーで働くなかで、彼は株価と銘柄記号を頭に叩き込んだ。テープの読み取りに努め、必死になってテープに目をこらした。黒板係として、扱う数字のメモをとるようになると、やがてそこに一定のパターンがあることに気づいた。

そこで、毎日ノートに何千もの価格変化を書きとめて、そこから変動パターンを突き止めようと調べたのである。

15歳のころには、銘柄のパターンと価格変動について本格的な研究に取り組んでいた。「仕事による実地訓練」をとおして、絶えず株価の変化や相場参加者の動きを観察した結果気づいたのは、大半の人が株式市場で損をしているという事実だった。その理由は、彼らが当初の原則や予定した計画に従わず、行き当たりばったりに行動するせいだ。しかも、相場やそれらの動きについて必要な勉強もしていないのである。
ある日、リバモアは友人と二人で、最初のトレードを行った。友達がバーリントン株が上がると言うので、二人で5ドルを投資したのだ。取引はボストンのある「合百《ごうひゃく》（やみ株屋）」で行った。

合百では少額の投機が普通で、たいていは株価の次の動きに賭けたりする、ごく短期的な取引が行われていた。また、実際に株券の受け渡しをすることなく賭けることもある。しかし、相場が思惑とは逆に動いて損が10%に至ると、取引が打ち切られた。これは、総代金の10%を委託証拠金とするのと同じことだ。

リバモアがその後のトレードでほぼずっと守り続けた厳密な損切りのルールが、このときに打ち立てられた。その後、経験を積み重ねるにつれて取引手法も向上し、損切りを10%以下に抑えられるようになっていく。

さて、バーリントン株については、日々記録しているノートから、直前のトレードパターンで値上がりを確信していた。結果は、リバモアの予想どおり。彼は15歳にして初めて行ったトレードで、3・12ドルの利益を手に入れた。

その後も合百でのトレードを続け、16歳になるころにはペイン・ウェバーの給料以上をトレードで稼ぐようになっていた。そしてついに儲けが1000ドルに達したとき、彼は会社を辞めて、トレーダーとして独立したのである。

20歳のころには、リバモアの儲けによってボストンやニューヨークの合百側の痛手も大きくなり（彼は両都市を行ったり来たりしていた）、とうとう出入りを禁じられるはめになった。その成功から「すご腕小僧《ボーイプランジャー》」の異名を持つほどになったのである。いつもやられる合百たちは、リバモアの顔を見るのも、儲けられたトレードの話を聞くのもまっぴらだったろう。

ボストンでの成功を手にニューヨークに移り、ニューヨーク証券取引所で売買を始めた。なんといっても飛ぶ鳥を落とす勢いだ。大リーグで腕試しをする意気に燃えていたことだろう。このときの投資資金は、2500ドル。実は、合百でのトレード利益は一時期1万ドルにまで達していたのだが、それがここまで目減りしていた。

利益を失うという現実をとおして、リバモアはトレードが簡単にいくものではないということを改めて思い知らされた。そして、その反省から必要に感じたのが、損失の原因となった過ちの分析である。こうした過ちの綿密な分析は彼の強い武器となり、将来の成功へとつながっていく。それはまた、素晴らしい学習手段でもあった。

集中して分析した結果気づいたのは、自分には焦って無理にトレードしてしまう傾向があるということだった。売買を焦るとたいていは衝動的なトレードに走り、十中八九損失を出してしまう。これが原因で、今日でも大勢のトレーダーが痛い目に遭っているが、リバモアにとってもそれは、ひどく高いものについたのだ。

その後も、ニューヨークでの成績は芳しくなかった。ついには6カ月足らずで破産の憂き目にも遭い、さらに証券会社から500ドルを借りることになった。

リバモアがそのお金を手に向かった先は、合百。そこで、再資金を稼ぐつもりだった。ニューヨークと違って、合百では売買価格が即座に提示される。瞬間的な株価変動に素早く反応してトレードする彼の得意とするところだったからだ。

彼はたった2日でニューヨークに戻ったのだが、その手には2800ドルを有していた。そして借金の500ドルは、すぐに証券会社に返金されたのである。

しかし、その後もニューヨークでの取引は難しく、損得なしで終わるのがやっとの有様。そこで、彼はまたもや合百に舞い戻る。変装して取引を行い、うまく1万ドルまで増やしたのだが、とうとう店側に見破られてしまう。これが、合百での最後の取引となった。

1901年、ニューヨークに戻ったリバモアは、折からの強力な強気相場に沸くなかノーザンパシフィック株のロング（買い）によって元手を1万ドルから5万ドルに増やした。しかし、相場が短命で終わるとみて2回試みた空売り《ショート》（ブローカーから株を借りて売ること。値下がりすればそれを買い戻して、売り値と買い値の差額分の利益が得られる）で失敗し、すぐに儲けの全部を失ってしまった。

結果的に損を出したこの2回のトレードは、最初はうまくいっていた。ただ、取引があまりに集中しすぎて、買い戻しの注文がなかなかできず、その間に株価が反転して損が出てしまったのである。

こうした経験から、リバモアは、ビッグボード（ニューヨーク証券取引所）では超短期のトレードが難しいことを学んだ。合百では瞬間的に行動できるのに、ここでは組織だった取引が複雑なプロセスで行われている。そういった新しいトレード環境に慣れる必要があることを痛感したのである。

結局、リバモアは1901年の春に再び破産した。再度、資金作りのために合百に戻るが、彼の名は知れわたりすぎて取引をさせてもらえない。

ちょうどそのころ、新手の合百が出始めていた。そうした店で取引することで、ほぼ1年後には思惑どおりに資金を稼ぐことができた。だが、これらの店でも出入りを禁じられることになる。

このように、リバモアはトレードによって何度も損失に見舞われている。しかしそのたびに、改めて正しい売買法が身につくのだと実感した。彼はその間も、成功するための努力を怠ることなく、失敗や経験から多くを学び続け自分の糧としていった。

このころ気づいたのが、時間的要素の大切さだ。株式トレードの時間的要素とは、「辛抱する」ということ。どんな仕事でも、すぐに一人前になれるわけではないのと同じで、トレードで稼げるようになるまでにも時間がかかる。

時間的要素はまた、株式取引の仕組みとも関係がある。

合百でのトレードは、その成り立ちと売買方法からいってギャンブル性が高く、ごく短時間で瞬間的に決着がつく。しかしニューヨークでは、取引は瞬間的に行われることはなく、相当に時間がかかる。加えて、ビッグボードで株を買い付けた場合には、株主となった会社の株券を実際に所有することになるという点も違っていた。

このように時間的要素が異なるため、ビッグボードでは先を読んで動く必要があった。そしてそれには、忍耐が要求される――その後、忍耐はリバモアの際立った特性となる。

時間的要素を考えれば、株式トレードで成功するには長い道のりがあり、一朝一夕にはできない。彼がそう確信したのは、資産が何度も増減するという経験をしたからでもある。

15歳にして初めて1000ドルを稼ぎ、21歳になるころには1万ドルを手にした。資金が5万ドルに達したこともあるが、2日後にはそれを全部失うというつらい経験もしている。相場ではよくある浮き沈みだが、彼がこの荒波に耐えたのは、トレードが自分の天職になると確信していたからだろう。

リバモアは、ギャンブルと投機（トレード）をはっきりと区別していた。ギャンブルは相場の先取りをすることだが、それは非常に難しい。個人トレーダーはまず成功の見込みがない。一方投機は、忍耐力を身につけて、相場条件を監視しながら投機のシグナルが現れたときにだけ行動するもの。

このように、彼は若いころから相場での成功に必要な新しい能力を絶えず学んだ。そして、粘り強く物事を観察しながら、自らのルールに磨きをかけていったのである。ただし、このころのリバモアはとうていプロとは言えなかった。他人の意見や、いわゆる「秘密情報《チップス》」にいつも心を動かされていたのである。また、トレードの回数も多すぎた。

そしてもうひとつの過ちは、特に強気相場で利益確定を急ぎすぎることだった。この時期、彼は「相場全体が持つ重要性」を見出していた。全体的な方向性を調べ、それが多くの銘柄に与える影響を理解することが大事だと分かったのである。それには、単に先行きを予想するのではなく、相場の状況と現在の段階を分析する力を身につける必要があった。

こうした経験を積み重ねて、自分の判断にも自信が持てるようになっていく。観察を重ねることで確かな判断ができるようになり、相場につきものの細かな変動に振り回されることもなくなり、だんだんと成果を上げ始めた。

30歳のころには、素晴らしい成功を収めることも多くなった。このころに確立したのが〝試し玉戦略〟である（後述）。そして、もうひとつの主要戦略が〝増し玉〟だ。増し玉は、本書に登場するほかの賢人たちも使う重要な戦略である。

増し玉とは「買った株が上がり続けるときに、さらにそれを買い足す」ことをいう。物を買うときは、普通できるだけ安い値段で購入したいと考える。よって、高値を買う増し玉の戦略は、当初多くの人に違和感を与えたに違いない。しかし、自分の判断が正しいと確信した時点で素早く株を買い足せば、さらに利益が見込めるのだ。

思惑どおりに株価が上昇すれば、そのこと自体が自分の判断の正しさの証明になる、ということを彼は確信した。そして、その証明さえ得られれば、株を追加して買い続けることをためらう理由はない。もとの利益が増えることに加え、さらに利益が上乗せされるのだ。

1906年の後半になって、上昇トレンドの雲行きが怪しくなってくると、リバモアは空売りにも試し玉と増し玉を用いるようになった。弱い株がさらに下落するのを見て、売りポジションをさらに増やすのである。１９０７年の弱気相場が始まると、空売りで莫大な利益を上げ、リバモアは31歳を前にして百万長者となった。

この年の大暴落を、リバモアは正しく読み当てた。10月24日、買い戻しで一挙に３００万ドルの利益を手にしたのである。

１９０７年10月、ウォール街は破綻寸前まで陥った。このとき、当時の金融界で最大の実力者だったＪ・Ｐ・モルガンが、組織としての命脈を保つのに必要な流動性を注入してウォール街を救った。このとき、モルガンがあえて個人的な連絡で空売りを止めるように求めたのが、リバモアだったのだ。

金融界の長Ｊ・Ｐ・モルガンがリバモアの行動に目を向けたという事実は、ウォール街で彼が手にし始めた名声と影響力の大きさを、はっきりと物語るものだった。

**・ウォール街のグレートベア**

ウォール街での地位を確立し始めていたころ、リバモアは大きな利益は大きな相場変動から生まれることを発見した。彼が「ウォール街のグレートベア（偉大な空売りトレーダー）」という異名を得たのも、1907年の大暴落時に、売りポジションで巨万の利益を得たからだ。そして勝利を重ねたこの時期に、彼は、成功するためには株式相場のたゆまぬ分析が不可欠だという信念を繰り返し表明している。

株式相場で成功を手にしたリバモアは、商品先物相場にも手を広げていた。あるとき、綿花王と称されていたペリー・トーマスと知り合った。当時、トーマスはトレードの失敗で全財産を失っていたのだが、過去の成功と伝説的な綿花王としての評判を知っていたリバモアは彼の言葉に魅了されていく。そして、トーマスの話につられ綿花の買いポジションを持つのである。

だがそれは、全財産を失わせるほど危険なものだった。リバモアはすぐに気づいたのだが、すでに手遅れ。それまでに築いた何百万ドルという財産の多くを、この綿花取引で失ってしまったのだ。原因は、若いころあれほど心血を注いで作り上げたルールを、いくつも無視したせいだった。

「単独で行動し、他者の意見を聞かない」というルールを破ったり、ポジションにしがみついて損切りのルールも破った。そうした失敗に心理的な作用が加われば事態は一層ひどくなる。損失を取り戻そうとして見込みのないトレードに手を出し、傷口をさらに深くしたのだ。

結果、リバモアは多額の借金でがんじがらめになってしまった。打ちひしがれ、自信が次第に崩れていく。これは株式トレーダーにとって、致命的なことである。

リバモアが、もとのリバモアに戻るまでには長い年月を要した。

１９１０年から１９１４年までの間、相場はほぼ横ばいか弱含みで推移（１９１４年８月から11月半ばまで第一次世界大戦勃発のため市場は閉鎖）。その間、リバモアは１００万ドル以上の借金を抱え、気分的に落ち込むばかりであった。横ばい状態の相場では、大した儲けのチャンスもない。

１９１４年、彼は気持ちを立て直すために破産宣告することを決意。それでもツキは回ってこなかった。だが戦時中の１９１５年、取引していたある証券会社が５００株の信用取引枠を用意してくれたのである。

６週間、彼は脇目も振らず相場の研究とテープの読み取りに没頭した。その結果、株には一定の「基準レベル」といえるようなものがあることに気づく。それは合百に出入りしていたころに使っていたトレード原則だ。

基準レベルというのは100ドルとか200ドルとかといった切りの良い数字のことで、そのレベルを突破すると、株価はそのまま上昇を続ける可能性が強かった。

リバモアはベスレヘムスチールを98ドルで買ったあと、株価が100ドルを超えてさらに上げていくのをじっと見守った。114ドルを付けたとき、新たに500株を買い足した。翌日、株価が145ドルに達した段階で、1000株全部を売り切って5万ドルの利益を手にした。

この取引が、リバモアに自信を取り戻させた。以前のように、自分のルールを守ってトレードを行うきっかけとなったのである。

1916年、いくつかの銘柄で空売りを仕掛けた。すると相場はすぐに下げ始めた。主力株の多くが値下がりに転じたころ、ウィルソン大統領のドイツへの和平提案が外部に漏れ（リーク事件）、株価はさらに下げ足を速めた。諸外国に物資を供給する戦時経済体制が崩れるのではないかという見込みから、ウォール街はこれを悪材料と受け止めたのである。

このとき、友人であるバーナード・バルーク（第2章に登場）も空売りを仕掛けており、ニュースのリークで300万ドル稼いだと噂されていた。議会は情報のリークについて調査するために委員会を設置し、バルークとリバモアを呼んで証言させた。

バルークはこの間空売りで47万ドルの利益を得たことを認めたが、前もって情報を得ていたからではないと確言した。それにもかかわらずニューヨーク証券取引所は、ニュースのリークに基づく売買を不当とする新規則を制定した。もちろん、この規則は簡単に適用できるものではない。しかしこの事件は、バルークとリバモアが当時持っていた市場への影響力の大きさを示している。

この年にリバモアが手にした利益は約300万ドル。これは、その年の上げ相場で買いポジションをとり、相場が急落した最後の2～3カ月に売りポジションをとることで稼いだものである。

1917年4月6日には、米国が第一次世界大戦に参戦。相場で数多くの成功を手にしたリバモアは、1914年の破産申請によって法的には返済義務のなくなった昔の借金をすべて返済し始めた。また、40歳になった時点で、二度と破産することのないように信託口座を開設した。

### ・名声の回復

1917年、リバモアはウォール街でかつての輝かしい名声を取り戻していた。同年5月13日付のニューヨーク・タイムズには、「ウォール街の向こう見ずなトレーダーが手仕舞い――昔のセンセーショナルな相場操縦家と違って現代の株式相場師は研究熱心なエコノミスト」という見出しの記事が載った。この記事はリバモアとバルークを取り上げたもので、2人をウォール街の重要人物、成功した大物株式トレーダーとして描いたのである。

1920年代になると、彼は相場で継続的な成果を上げるには経験が絶対不可欠であると確信していた。ウォール街では、最高の成功を収めたトップクラスのトレーダーとして、その名声はさらに高まっていた。自ら立てた売買ルールを実践して大富豪となったリバモアは、まさにアメリカンドリームそのもの。しかし彼自身は、常に自分を相場の研究家とみなし、学ぶことに終わりはないと考えていた。そして、自分は相場に精通している点ではだれにも引けをとらないという自負も持っていた。

リバモアはこのころ、上昇相場のなかで真の先導役となる銘柄を発見することの重要性に気づく。そして、全体のなかから先導株が姿を現して大きく値を伸ばしていくプロセスについて研究を重ね始めた。

ティッカーテープを分析し、相場の動きの理解を深めた結果、相場が新たに大きく上昇する時期に、新しい先導的産業のなかにニューリーダーとなる会社が登場することを発見した。それは、その会社が最大の利益を上げることが見込まれるからだった。

これは、相場と株価の動きにファンダメンタルズがいかに大事か、改めてリバモアに教えることになった。彼はまた、同一グループのなかで似た動きを示す銘柄や、相場全体と連動する先導グループにも注意を向けた。そのおかげで、1929年の大恐慌で一層大きな利益を手に入れることができたのである。

1928年冬から1929年春まで、完璧な強気相場が続いた。彼はこの上昇期に買いポジションをとって、利益が相当に膨らんでいた。しかし天井が近いと考え、

1929年初夏には持ち株をすべて売り払い、吹き上げで空売りを仕掛ける構えをとった。相場が息切れ状態にあるとみたのである。大規模な上げ相場が続いてきたが、上昇の勢いがなくなり、揉み合いのパターンが始まりかけていたのだ。そこで、空売りの試し玉を入れてみることにした。

試し玉戦略では、まず最初に小規模のポジションをとる。それがうまくいって、株価が予想どおりの方向に進む場合にかぎって、買い（または空売り）の玉を増やしていく。つまり、増し玉の戦略に移るわけだ。

これは、**持ち株に損が出ているときではなく、必ず利が乗っているときに行う。**損しているときに積み増すナンピンは、当時も今も広く行われているが、これは必ずしも利益につながる方法ではない。

彼は、ウォール街に自分の手の内を見せないようにするため、たくさんのブローカーを使って注文を出した。その卓越したトレードセンスと名声で、ウォール街の注目の的になっていたからである。この試し玉は成功し、相場が下げに転じたことを確信した。そして、株価は相当の期間信じられないようなスピードで値下がりしたのだ。

こうした読みは、本書に登場するトレーダー全員に共通する能力である。どう見ても完璧に形づくられた状況でも、彼らは絶えず相場が変化する兆しを探り当てようとした。

1929年の相場には、先の暴落を予感させる兆候がたくさんあった。日々の先導株も新高値に進めずに失速することが多くなっていた。株価が上がると機敏なトレーダーたちは買い玉を手仕舞いした。ほとんどの投資家が、委託保証金率10％で信用取引をしており、秘密情報を触れ回り自分を株のプロだと思い込んでいた。こうした過熱ぶりからすれば、だれもが目いっぱい資金を使っており、買い余力はなく、相場を押し上げる力がなくなっているのは明白だった。

同年10月になると、市場はとうとう暴落を見せた。このときリバモアは、数カ月間にわたって積み上げた大量の売りポジションを持っていた。そしてこの歴史的大暴落のなかで、買い戻しによって何百万ドルもの利益を手にしたのである。

追証《おいしょう》（含み損が一定水準を超えたため基準額まで不足した証拠金を追加すること）を請求された多くの市場参加者が消え、飛び降り自殺の噂がいくつも飛びかった。

一方、リバモアは生涯でも最大級の利益を手にしていた。そんな「ウォール街のグレートベア」を、この暴落の元凶と非難する者が多かったのも事実である。全財産を失った相手から殺人の脅迫を受けることも度々だったという。暴落の直後、ニューヨークタイムズが「ジェシー・リバモアが株価を下落させたとの報道」という見出しの記事を載せることさえあったのだ。

この大暴落のあと、議会は証券取引法を制定して証券取引委員会を設置、株式取引に全面的な変更を加えて、市場に安定と秩序をもたらすことに努めた。そのような環境の変化があっても、彼は自分のルールを変える必要はないと判断した。なぜなら結局、株式相場を動かすのは人間の性質であり、それが変わることはあり得ないからだ。

1929年のリバモアのように、空売りで何百万ドルもの利益が得られることはある。が、概して、空売りで良い結果を出すのは容易なことではない。それは「損失が無限に拡大する可能性がある」からだ。株価の上昇は青天井なのに対して、下落は最大でもゼロで止まる。

空売りを成功させるためには、自分の感情をより一層コントロールすることが重要になる。また、株価の上昇は希望によってもたらされるが、下落は恐怖によって引き起こされる。つまり、株価下落に際しては、より素早く反応する能力が求められるのだ。恐怖による反応は希望よりも急激に起きるため、相場心理全体の急変に対処できなくてはならない。

ジェシー・リバモアは相場において巨万の富を築いた。しかし、私生活では生涯をとおして多くの苦しみを味わった。不幸な結婚・離婚、そのほかの家庭問題などが重なり、ひどい憂鬱におかされていく。私生活の悩みが深まった１９３０年代は、トレードで以前ほどの成功を収められていない。それどころか１９３４年には、５年前に得た財産を失ったという噂が立ち、再び破産申請を余儀なくされたのである。

このように私生活の影響を見ると、相場で確実な成果をものにするためには、感情のバランスをとることがいかに大事かがよく分かるだろう。

ウォール街で数々の実績と輝かしい名声をとどろかせ、トレーダーとしてトップに立っていたころのリバモアは、ライフスタイルの規律すらしっかりと確立していた。ところが人生の後半には、それに反するような出来事ばかりが生じてしまったのだ。

・成功の軌跡

1939年後半、リバモアは自分の売買戦略について本を書くことを思いつく。そして翌年3月に『孤高の相場師リバモア流投機術』(パンローリング)を出版した。当時の売れ行きは芳しくなかった。その大きな理由は、まだ大恐慌の影響が残っていたため、株式市場への関心が低かったことにある。だがその後、同書が相場での成功を目指すトレーダーにとって、大変に有益な1冊と評されるようになる。

そして、この本を出版したわずか数カ月後の11月28日、リバモアは自ら命を絶った。リバモアにとって株式市場は、この世で最も魅力的で、最も複雑な挑戦対象だったに違いない。ウォール街でゲームの勝利者になることが彼の念願であり、情熱だった。彼は、トレードは科学的判断というよりも芸術形式に近いと確信していたのだ。

ジェシー・リバモアは、いまでも多くの人々から史上最高の株式トレーダーと評されている。1923年に初版が出版され、投資の古典とされるエドウィン・ルフェーブルの『欲望と幻想の市場』(東洋経済新報社)は脚色されたリバモアの伝記である。この本は、投資の手引きとして今日でも変わらずに高い評価を得ている。

リチャード・ワイコフは、1920年代にリバモアのインタビューを行い、『ジェシー・リバモアズ・メソッド・オブ・トレーディング・イン・ストックス（ジェシー・リバモアの株式トレード法）』という小冊子にまとめた。そこには、リバモア独自の売買戦略が詳しく説明されている。

これ以外にも、長年にわたってリバモアに関する本や記事が数多く著されている。彼の伝説的な生涯は、今日に至るまで人々の興味を引きつけ続けているのである。リバモアは、株式市場で有効な戦略とそうでないものを選別して数多くのトレーダーのために道を切り開いた、という点で比類のない人物である。しかし彼自身は、孤独と秘密を好み、自分のトレードや成果をいっさい人には明かさなかった。

彼は「新高値を付けて抵抗レベルをブレイクした銘柄を買う」手法の開拓者のひとりである。たいていの場合、株はできるかぎり安く買うのが良いとされるが、この戦略はその逆を行くものだ。

リバモアは、自分のルールを破ったときには必ず損を出し、それを守れば必ず儲けたという。彼は相場の分析と投機理論の研究に驚くべき集中力を見せ、また、ライフスタイルを厳しく律して常に最高の状態でトレードに望んだ。大多数の人が相場でおかす過ちもすべて身をもって経験したが、その過ちを教訓へと生かし、さらにティッカーテープの分析と相場研究からも絶えず学び続けた。

長年いろいろな場所で引用され続けているリバモアの有名な言葉がある。

「**ウォール街は変わらない。資力は変わる。株価も変わる。だが、ウォール街はけっして変わらない。なぜなら、人間というものが変わらないからだ**」

この言葉は、人間心理が相場で果たす重要性を示している。人々は、希望や恐怖、欲望や無知に動かされて、同じ行動と反応を繰り返す。だからこそ、時が変わっても多くの同様な株価パターンが繰り返し生じるのである。

相場には数多くの人間とその心の動きが絡んでいるため、成功が最も難しいことのひとつだとリバモアは考えていた。トレードではトレンドを予測し、変化の方向を読まなければならない。加えて、人間の心をコントロールし支配しなければならないのだが、それは至難の技である。

相場の心理的側面への関心が昂じ、心理学の講義にまで出席した。このことは、彼がいかに熱心に相場のすべてを理解しようと勉強していたのかを物語っている。多くの人が相場とは無関係だと考えることでも、彼には例外にならない。自分の能力向上につながる可能性のあるすべての物事に、取り組もうとしたのである。

## ■リバモアの方法――標準的な売買ルールの確立

リバモアは生涯をかけて株式トレードという仕事に打ち込み、おびただしい数の挫折と成功を重ねた。有効な方法とそうでないものを見分け、絶えず学び続けた。

ここでは、彼が考案した戦略について説明する。それらは、あとに続く大勢の一流トレーダーが、自分の売買ルールに組み込んでいるものである。

### ・トレーダーとして成功するための能力と特性

リバモアは、トレーダーとして成功するには一定の特性を備えていることが必要で、けっして万人が向いているわけではないと考えていた。

トレードに向かないのは、ものを考えず、怠け者で、感情的なバランスがとれていない者、特に、手早く金持ちになろうと考える者である。これは重要な点だ。

前にも述べたように、トレードで成功する秘訣のひとつは、時間的要素について理解することである。これを重視する彼の姿勢は、相場で手早く金持ちになろうとする考え方を戒めたことにもよく現れている。手早く金持ちになろうとするのは非常に危険で、たいていは思惑と正反対の結果で終わるものなのだ。

感情的バランスは、晩年のリバモアを苦しめ最終的に悲劇的な結末をもたらす要因となった。これもまた、トレードにとって極めて重要である。株式相場での成功は、頭脳よりも感情の戦いにかかっているというのは過言ではないだろう。

彼は、成功するためには心の平静が必要だと考えた。希望や恐怖に惑わされず、バランスのとれた健全な精神状態を保つ能力が肝要だということを、自分の経験から悟ったのである。

また、適切な機会をじっと待つ忍耐力も欠くことのできない能力である。忍耐力の欠如はトレーダーにとって致命的であり、失敗をもたらす大きな原因となる。

さらに、沈黙を守り、成功も失敗も自分の心に収めておくことも大切だ。そして、仕事に打ち込み、相場の研究を欠かさないことも重要である。

リバモアは、株式投機はフルタイムの仕事であり、他者よりも良い成果を上げるには、全力で取り組む必要があると考えていた。医師や弁護士が、十分な訓練を受けて必死に勉強しなければならないように。にもかかわらず多くの人は、ほかの専門的職業と同様の努力が株式トレードにも必要だということを理解しない。

単にブローカーに売り買いの指示を与えるだけの、簡単で手軽な仕事だと考える。他人から特別情報を仕入れ、それに従って注文を出しさえすれば、あとはお金が懐に入るのを待つだけ、などと思い込んでいるのだ。

まともな人間ならば、医者でもない者に自分の手術をさせたり、適切な訓練も受けていない無資格の相手に弁護を頼んだりはしない。トレードも同じように、時間をかけて、やっと達成することができるものだ。リバモアは株式トレードをビジネスととらえ、自分の能力を高めるために常に新たな方法を模索し続けた。

リバモアが不可欠と考えた専門的能力は、次のとおりである。

- 感情をコントロールする能力――どんなトレーダーも影響を受ける心理的要因のコントロール
- 経済と基本的なビジネス条件の知識――一定のイベントが、市場と株価に与える影響を理解するのに必要な知恵
- 忍耐力――じっと利益を伸ばす能力があるかどうかが、一流トレーダーと三流トレーダーの分かれ目

さらに、次の4つの能力や特性が必要だと考えた。

- 観察力――データ上の事実だけに注意を集中する力
- 記憶力――以前の過ちを繰り返さないように、主な出来事を覚えておく力
- 数学的能力――数量データとファンダメンタルズを理解する力。これはリバモアが生まれつき持っていた能力である
- 経験――自分の経験と過ちから学ぶ力

**・規律を守るトレーダー**

リバモアによれば、「正直に誠実に正確な記録をつけること」「自分の頭で考えること」「自分自身で決定を下すこと」――これらすべてがトレードに必要不可欠な規律である。彼自身も、自分で決定を行わなかったとき必ず損をしたという。

リバモアは、行ったすべてのトレード、特に損失の出たトレードについて徹底的に検証を行った。これは早い時期から実行しており、絶対におろそかにすることはなかった。彼にとって過去のトレードを検証することは、失敗の繰り返しや将来起こり得る損失を防ぐための最高の学習法だったのである。

さらに、あとの時期になって彼が守り始めた規律がある。それは、元手が倍になったトレードで行うことが多いのだが、利益の半分を確定して予備資金のなかに加えておくということだ（もっと早い時期に始めていたら、最悪の状態を減らせたかもしれない）。そうした予備資金のおかげで、破産まで至らずにすんだこともあった。また相場が反転したときには投入資金に回すことができたので、相場状況の変化に応じて効果的に利益を上げることが可能となった。

また、毎日や毎週など休まずにトレードすることは損が出やすく、大きな成果にはつながらないということを早くから学んでいた。収益のチャンスはいくつでもあるので、なかには休む時期も必要だということだ。よって、相場が最良の機会を提供してくれないときは、たくさんの休みをとってバカンスに出かけて体調を整えた。

彼は、こうした規律を守って、トレード漬けにならないように心がけた。毎日毎日わずかな変動を追いかけていると、相場の大きな変化に気づかないことがある。相場から離れて様子を見ることで、そうした変化をはっきりとらえることもできるようになるのだ。

リバモアは、ティッカーテープの解読と相場や個別銘柄の価格変動の分析にたゆまず取り組んだが、その実行には非常に気を配った。トレードにあたって自らに課した規律の厳しさと、その集中ぶりは伝説的なものである。

朝早く起き、朝食前に1~2時間かけて、自宅で独りきりで分析を行う。邪魔の入らない独りきりの静かな時間は、彼にとってとても大切なものだった。

前夜からゆっくり休みをとったあと、早朝そうした儀式を行うことは心の良い鍛錬となった。そして、経済状況や前日のニュースを分析したあとで、その日にとるべき行動を決定し、相場の動きを予測するのである。

孤独を好み、他人が外から自分の思考プロセスを邪魔することを許さなかった。オフィスでは、1日中しゃべらないようにと雇い人に命じ、1日の大半を立って過ごすようにしていた。そうすることでテープをはっきり見ることができ、また、直立の正しい姿勢をとることで一層明瞭に考えられると考えていたのである。

さらに、彼の机は常に書類が揃えられ、整理が行き届いていた。リバモアは最高の状態でトレードに臨むため、明らかに自分の生活を厳しく律していたのである。

## ・新しい売買ルールの開発者

リバモアは新しい売買ルールを数多く開発し、それを実行に移した。彼にとって、手法を学べるような成功した先駆者は存在しなかったのだろう。学ぶのは自分の過ちからだった。全精力を使って相場を研究し、経験をもとにして株式相場で有効な方法とそうでないものを選り分ける。だからこそ、試行錯誤と経験によって切り開いたその戦略は、後続の大勢のトレーダーの手本となったのである。

多くのトレーダーが、自らの失敗をきっかけとして、リバモアのルールを学び、その基本原理に従うようになる。

例えばリバモアの「株価が新高値を付けたときに買いに入る」という方法だ。彼は型どおりに、押し目や調整が入ったあとで出来高の増加を伴って高値を更新した銘柄を選んで買った。このルールは空売りにも適用され、値下がりしてきた株が安値を更新した時点で空売りを仕掛けた。

また、新安値を付けた株は絶対に買うことがなかった。買った株が値下がりしたときに買い増すナンピンも、経験を積むにつれて一切しなくなった。ドルコスト平均法とも呼ばれる戦略では、成功を望むことはできない。実際、本書に登場する大トレーダーでこの戦略を使う者はだれもいない。

リバモアはテープを読み取って価格変動を分析したが、チャートは使用しなかった。優秀なテープ解読者は、チャートがなくても、有力株が新高値を付けようとする時期や付けたばかりの時期を見極めることができるものだ。彼は非常に優れたテープ解読者である。ただし、その技術の習得はとても厳しいものだ。

なぜなら、解読するときは一瞬もテープから目を離すことができず、さらに感情に大きく動かされやすいのだ。テープに「引きずり込まれ」ないようにするためには、非常に厳しい訓練と確固たるルールが必要となる。偉大なテープ解読者（リバモア、ジャック・ドレフュス、ジェラルド・ローブなど）は皆、経験に基づいてテープから得た直感に従って行動し、感情の落とし穴に引きずり込まれることはなかった。

リバモアは、株式評価の手段として数学的分析を使うこともあったが、テープが示す価格と出来高の変化で必要な情報はほぼすべて手に入れていた。上昇中の株が著しい出来高の増加を伴って上場来高値を付けたとすれば、それはしっかりとした株の需要があることを示す強力な指標であり、明らかな買い時を示すものだった。

出来高は、彼にとって明確な意味を持つ指標である。彼は、個別株でも相場全体でも、出来高の増加によって変化の方向がほぼ裏づけられると考え、出来高の手掛かりが現れたときには、徹底的にそれを利用しようと努めた。彼にとって出来高は、信頼できる売買ルールを実行するための明確なシグナルなのである。

ただし、その理由は重要としなかった。証拠はテープの動きだけで十分であり、トレンドがそれほど強力なものであれば、ほかに証拠はいらなかった。なぜ、特定の株に大勢の投資家の強力な需要があったのか――その正確な理由を知る必要はない。

出来高を伴った動きが上向きだったとすれば、それが作るトレンドによって株は値上がりするはずで、逆に下向きならば、値下がりするはずである。そうした裏づけが得られれば、そのときこそ行動すべきときなのだ。彼のトレード判断は、次の動きの可能性と進行中のトレンド変化に基づいているのである。

実は、こうした新高値で買う手法を実行するためには、もうひとつ決定的な要因が揃う必要があった。それは、ぴったりのタイミングを選んで仕掛けるということだ。

リバモアは株価が抵抗レベルをブレイクするタイミングを探り出そうとした。そうした動きが生じるのは、以前に売買のあった株価領域に「最小抵抗ライン」が作られ、株価がそれをブレイクしにいくときだった。

彼はトレードを仕掛ける時点で抵抗レベルを予測し、最小抵抗ラインが自然に形作られる瞬間を待ち続けた。それは相場の大きな変動や基本的なトレンドの変化の開始を告げるものであり、トレードを仕掛ける最高の一瞬だ。その一瞬は、個別株にも相場全体にも生じる。彼は、買いと空売りのどちら側でもトレードを行ったので、そうした瞬間的な動きが上下どちらの方向に生じるかは問題にならなかったのである。

株価が抵抗レベルをブレイクしてからは、相場を注意深く観察して、その方向への動きが持続するかどうかを見極める。もし持続するようならば、相場の方向性が確認され、新たなトレンドが進行を開始したことになる。

この場合、抵抗レベルを大きく超えた株を追いかけるのは賢明とはいえなかった。概してその時点では、失敗のリスクが非常に大きいからである（第5章で述べるが、このことは株価の深追いに関するオニールの見解に通じる）。

一方、そうした動きが生じる前に仕掛けるのも得策ではない。なぜなら、その段階では株価が望みどおりの方向へ進まない可能性も高く、まだ機が熟していないからだ。彼は、株価がそうしたキーポイントを通過するのを待って、新たなポジションをとった。

同じルールは、空売りにも適用した。ある株が新安値を付け、その安値が一定のポイントに当てはまるとき(以前の新安値から戻したあとで新たな安値に沈んだとき)、下落が続く公算が大きいと読んで空売りを仕掛けたのである。

株価が小幅な調整や押しを示したあと、新高値へと突き進み、買いの好機となる時点を、リバモアは「最小抵抗ラインのブレイクアウト」と呼んだ。これは物体の動きとも似ている点がある。

いったん株価が最小抵抗ラインをブレイクアウトすると、あとはすんなりと新たな方向に進み続け、トレンドが形成される。この時点で買いポジションをとれば、株価が大きく上昇する最大のチャンスが得られると考えたのだ。

ただ、前に述べたとおり、重要なのは実際にそうした動きが生じる瞬間を待ってトレードを仕掛けるということだ。そうすることで、相場が一定方向に向かうという確実な裏づけが得られるのである。これによって、彼はリスクをコントロールした。

こうした株価の動きは、相場のトレンドに伴う心理変化の開始を示すものでもあった。仕掛けたあと、新たな方向への動きが持続しない場合には、「ダマシ」と判断して、ストップロスによって手仕舞う。ブレイクアウトの動きを待つのは非常に重要なことだが、それには極めて強い忍耐力が必要なのだ。リバモアはじっと資金を抱え、投下する時機が来るまでいつまでも待ち続けたのである。

出来高の変化についても、継続して注意深く分析することが必要である。思いどおりに動いているトレンドが方向を変える可能性に備えて、警戒を怠ってはならない。相場は常に大勢の投資家の意思に従って動くため、トレンドの途中で小規模な調整や押し目が生じることもよくあるのだ。

リバモアの売買ルールとしてもうひとつ重要な点は、「新たな強気相場のなかで先導株にだけ照準を定める」ということだ。彼は自分が注目する銘柄をごく少数に絞り込み、相場の動きを見て先導株を確認してからトレードに着手した。市場全体に手を広げることはせず、先導グループだけに注意を集中したのである。

新たな先導グループをさらに先導する銘柄こそが、たいていにおいて最強の株だというわけだ。低調な業種やそのなかの低調な銘柄には手をつけない。要するに安い株は避けて通った。低調で値下がりしている銘柄は株価の回復が極めて困難なため、動きの良い先導株だけを売買したのである。

相場をじっくり観察して、先導株の動きと同一業種中のほかの株の動きとを関連づけてとらえた。また、先導グループのなかに、桁外れに素晴らしい銘柄があると、同じグループのなかに、ほかにも好成績を示す銘柄があることにも気づいた。

こうした価格変動の関係をとらえることは重要で、しばしば同一グループ内の多数の銘柄に目を向けてその動きをチェックした。彼は、グループの他の大半の銘柄が先導株と同じような変化を示すと考え、この現象を「グループ傾向の顕在化」と呼んだ。

好調な相場のなかで、あるグループの銘柄が低調な動きを示していた場合は、たいていそのグループのポジションを全部閉じて、一切かかわりをもたないようにした。

さらに、予想外の状況に備えるために、トレード対象の銘柄と同じ業種の銘柄に常に注意を払った。好調なグループの先導株がおかしな動きを見せ始めると、概してほかの銘柄も同じように変調を来す。

このように絶えず観察を続けることで、先導的な業種グループや相場全体の動きをいつも先取りすることができたのだ。

彼は、グループによっては季節的なパターンがあることも発見した。特定の業種や個別株に対して景気循環がどんな影響を与えるのかを理解することは大切だ。また株式相場は普通、季節要因をあらかじめ織り込んでいるということも承知しておく必要がある。そこで、トレードでは何カ月も前から業界の状況を予測しておくことが不可欠になる。そのためには、ファンダメンタルな経済条件についても、注意深く目を光らせていなければならない。

リバモアが、１９０７年と１９２９年の天井を予測することができたのも、株価指数が実際に暴落する何カ月も前に、先導株や先導グループが下落に転じていたのに目をつけたからだ。

先導株が変調を示し始めた場合、たいていは市場全体がそのあとを追うので警戒が必要だ。彼は、１９０７年の暴落からそうした教訓を学んでいたのである。１９２９年には、そのおかげで相場が示す手掛かりを明確に読み取り、結果的に生涯でも最高に近い利益を手に入れた。

先導株が天井を打って下げに転じたときも、一切その理由を詮索する必要がない。相場が動くとおりに従っていけばよいのだ。株が下げた理由を理解しようとするのは時間の無駄で、値下がりしたという事実だけで十分。あとは、それをもとに行動するだけだった。株式市場はほとんど例外なく将来のニュースを織り込み、動きの理由は普通あとになって初めて分かるのだ。

試し玉と増し玉の戦略は、株価が最小抵抗ラインを突破したのを見て、確実に先導業種グループの先導株を買い、さらに相場の方向を正しく読んでいるかどうかを確かめるための手法だ。

トレードを仕掛けるときには、まず相場全体のトレンドを確認することが重要である。相場は、将来を現在の株価に織り込むものであり、先行きを正確に予測するのは常に困難なのだ。相場は、われわれの期待などお構いなしに、相場自身の意志どおりに動いていく。

リバモアは強気相場で買い、弱気相場で空売りをした。横ばい圏ではキャッシュを厚くして、上昇か下降の明確なトレンドが形成されるのを待った。

トレンドの転換は、その時点で実際に想定され、実行されていることとは逆の動きになるため、それを見つけだすことは至難の業だ。だからこそ、試し玉戦略が有用なのである。

試し玉と増し玉の戦略は、最初に計画した株数に達するまで部分的に株を買い足していく方法だ。このとき非常に重要なのは、実際に買い付けに入る前に、買う株数を決めておくことである。これは、リバモアの主要ルールの一部である効果的なマネーマネジメント計画によって生み出されたものだ。

彼はまず最初に、株の動きを確かめるために少ないポジションをとる。試し玉だ。そのあとで、その試しが正しかったかを検証し、株価が計画どおりに動いていれば継続的に買い増す。このとき、必ず以前よりも高い価格で買うのである。

例えば、ある銘柄を４００株か５００株買う場合、まず、ほかの条件がすべて満たされるのを待ってから、買い付け予定数の5分の1にあたる１００株を買う。

その後、株価が予想とは逆に動けば、持ち株を売却して少額の損失を確定する。株価が数日ほどもたつくようなときも、株を処分する。これも予想が外れたことになるからだ。価格が上昇したら買い増しに動く。この2回目の買い付けは最初よりも高い値段で実行する。株数は、前と同じように全体の20％にあたる１００株だ。

この時点で、最初の予想どおり値上がりしつつある株を200株保有したことになる。こうした手順には、極めて重要な意味がある。それは、感情の作用を大いに減らすことができる点だ。

どんな行動をとるかは、株価の変化に基づくだけなので、希望や恐怖や欲望に惑わされることがない。継続的に株を買い増すか、値下がりしたときに手仕舞うかは、ルールが指示するとおりなのだ。

さらに株が値上がりしたところで、残りの200株ないし300株を買い付ける。この方法によって、彼は個別株のリスク管理を行った。四六時中、株価の動きを観察し、その動きが示すトレンドに従うのである。

この戦略は非常に入念な観察が必要で、そう簡単には実行することはできないだろう。リバモア自身はテープ解読に精神を集中させ、さまざまな経験を重ねるなかで、自分の戦略に磨きをかけて忠実にそれを実行していった。その結果として、素晴らしい成果を上げられたのだ。

買いあるいは売りのポジションを持った段階で、リバモアは手仕舞いのシグナルに目を光らせ始める。よく言われるように、株式トレードで難しいのは、買いよりも売りである。これは、リバモアの時代でも変わりはない。

彼は、株価が上昇を続けている最中に転売することを好んだ。これもまた、とても難しいことだろう。というのも、ポジションがどんどん利益を増すと、貪欲な気持ちのとりこになる。そうした感情を抑えて行動するのは、容易なことではない。感情に流されることなく、相場の継続的な観察に基づいて手仕舞いのタイミングを正確にとらえるのは、経験と知識に裏打ちされた熟練トレーダーに限られる。

リバモアは、天井ピッタリで売るのは不可能であることを心得ていた。だから、持ち株が長期間上昇したあとで、価格や出来高が異常な動きを見せ始めると、テープに目をこらして売りのシグナルを探り出したのだ。出来高が増えているにもかかわらず、わずかしか値上がりしないときや、出来高を伴って株価が大幅下落するときは、いまも昔も変わらず、重要な売りのシグナルとなる。そうした価格や出来高の異常な動きを見つけだすためには、経験が大きな役割を果たすだろう。

彼は通常、少なくとも10ポイント以上の利益が見込めないと、買いのポジションをとらなかった。もちろん、大きく儲けるときには、我慢強く利益を伸ばして、10ポイントをはるかに超える成果をものにした。しかし、最初の予想とは逆に動いてしまうトレードもたくさんある。

彼は、株価が下げ始めるとすぐに株を売って、数ポイントという最小限度以上の損失を出さないようにした。株価が下げるということは、自分の判断が間違っていた公算が高いことを意味する。

間違いを犯したとき、それを正す最良の方法はすぐに手を打つこと。リバモアにとってそれは、持ち株を売って別のトレードを考えることだった。株価が横ばいのままで値上がりしないときも、ポジションを閉じた。保有し続けることは、機会コストの損失を意味するからだ。彼は、上下どちらかに活発に動く株を保有したのである。

リバモアが用いた戦略とルールのほとんどは、同時代の大半のトレーダーとは異なる思考法に基づいている。その主な戦略は、次のようなものだ。

### ・相場の全体的トレンドの把握――常に相場の観察を続け、現在の動きに合わせ

ること。相場を見て、相場とともに動く。相場に逆らってはならない。

- 一定の抵抗領域を突破して新高値へと進んだ銘柄を買う――試し玉の戦略を用いて自分の行動を確かめ、値上がりが続くようならば増し玉をする。
- 素早く損切りを行う――損失は最大10％以下に抑えて、判断の誤りの傷口を広げないようにする。動かない株は機会コストの損失をもたらすので、横ばいが続くときは売却する。
- 好調な持ち株が上昇や下降（空売りの場合）を続けるときは、利益をそのまま伸ばしていく――予想どおりに動いている株には手をつけない。大きな利益は、じっと待つことから生まれる。
- 相場を先導する好調な業種の先導銘柄に集中する。
- 他人の秘密情報や特別情報に耳を貸さない――自分で研究し、あくまで事実に従い、ファンダメンタルズを頭に入れておく。
- 安い株は避ける――大きな利益は大きなスイングから生まれるが、安い株はたいていそうしたスイングを示さない。

特にリバモアの時代には、こうしたルールはまったく的はずれで誤ったものだと考えられていた。しかし、結局それが正しい戦略であることは、彼が成功を収め富を築いたという事実がはっきりと示している。

### ・折り紙つきの戦略を現代に応用する

時間を経ても相場は変わらず、株価は以前と同じようなパターンを繰り返す。このことはこれから示すチャートに、現代の相場環境にリバモアの戦略が当てはまることを見れば明らかだろう。

米株相場は、2000年3月以来ひどい弱気相場が続いたが、2003年3月半ばには終止符を打って好調な上昇トレンドに入った。3年間続いた下落のあとで、新たな先導株が新たな上昇トレンドをしっかりとリードしているのである。

今日でも、何人かのプロのマネーマネジャーが、かつてリバモアが先鞭をつけた戦略を実際に使用している。2003年3月の上昇期で新たに牽引役となった銘柄のひとつがストラタシス社である。

ストラタシス社は、コンピュータで作成した設計によって実物モデルを制作する三次元高速試作品製造装置を開発・製造・販売しているハイテク企業だ。同社は02年第4四半期には利益が81％、収入が13％伸び、好調なファンダメンタルズによって相場の先導役を務めている。03年第1四半期にはさらに素晴らしい業績を示し、利益は243％の伸び、収入は67％の伸びとなった。

図Ⅰ・1は2003年1月から3月までのストラタシス株の動きを示したものだ。注意深いトレーダーならば、リバモアの戦略が教える重要な特徴を見て取ることができるだろう。彼はチャートではなくティッカーテープを使ったのだが、相場全体が力強い上昇トレンドにあるときに、彼の戦略を使ってどうやって好調な先導株をとらえられるかを、このチャートによって明瞭に示すことができる。

図Ⅰ・1でリバモアの戦略を実行するとき、次の点がポイントとなる。

- 相場が上向きになるのを待つ（2003年3月17日に相場の上昇トレンドが確認された）

■図Ⅰ-1　ストラタシスの日足（2003年1月～３月）

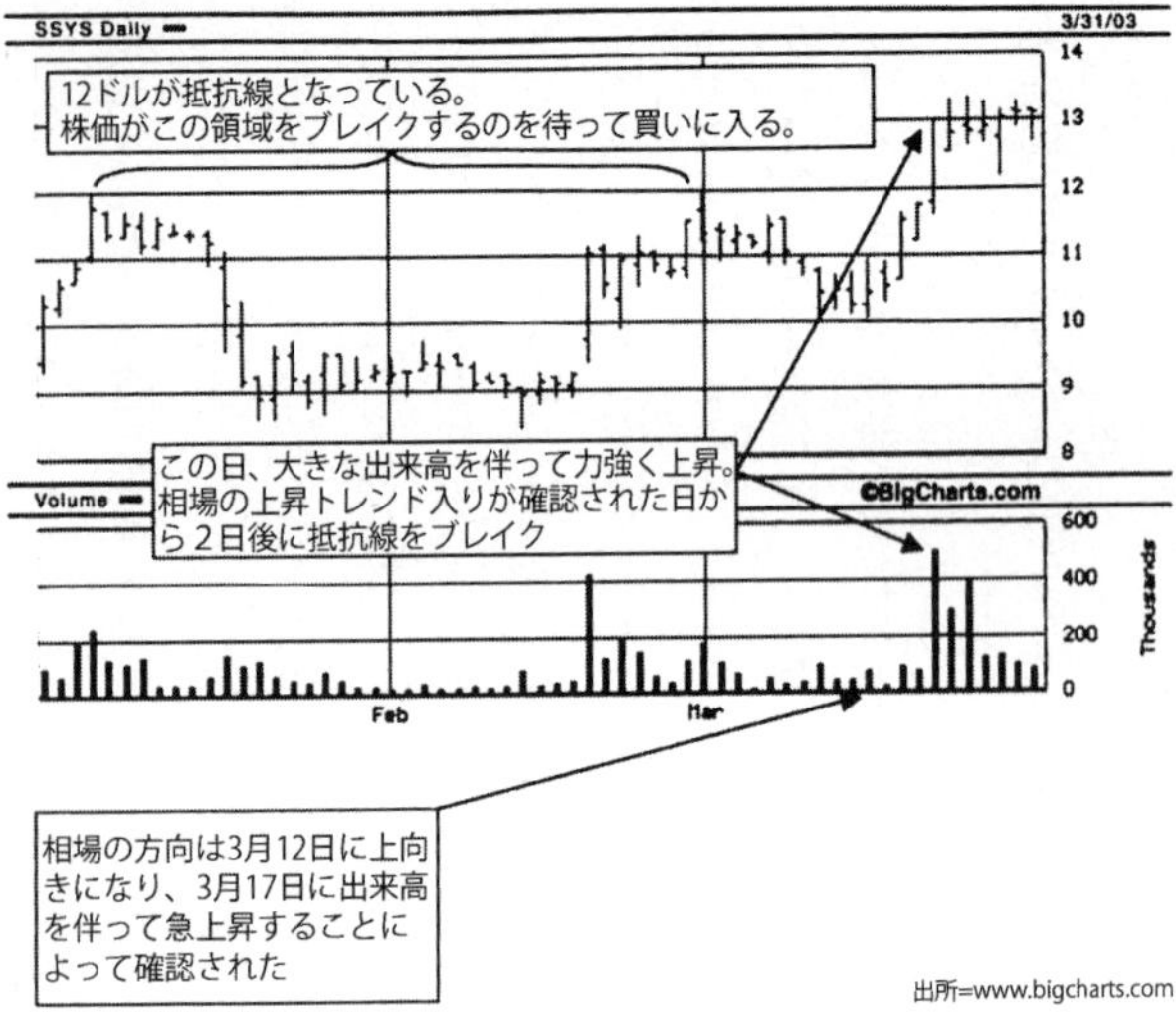
SSYS Daily
3/31/03
12ドルが抵抗線となっている。
株価がこの領域をブレイクするのを待って買いに入る。
14
13
12
11
10
9
8
この日、大きな出来高を伴って力強く上昇。
相場の上昇トレンド入りが確認された日から２日後に抵抗線をブレイク
Volume
©BigCharts.com
600
400
200
0
Thousands
Feb
Mar
相場の方向は3月12日に上向きになり、3月17日に出来高を伴って急上昇することによって確認された

出所=www.bigcharts.com

- 新たな先導株が抵抗ラインをブレイクアウトするのを見つける（ストラタシスが3年以上の間、達成できなかった13ドルを付けた）
- 株価が抵抗ラインをブレイクアウトするとき、買い需要の確認という点で出来高が大事な役目を果たす

図I・2は、4月以降の3カ月間におけるストラタシスの株価変動で、リバモアのほかの主要ルールがどのように適用されるかを示している。これを見ると、この新たな先導株に対して、リバモアの次のような戦略を使って利益を伸ばしていた。

- 確実な先導株はじっと見守り、利益が伸びるままにする
- 株価が予想どおり値上がりして利が乗ったポジションについては、増し玉の戦略に従って株を買い足す
- 持ち株と相場全体が予想どおりに動くかぎり、目先の利益確定の誘惑に負けず、じっと待つ

■図Ｉ-２　ストラタシスの日足（2003年４～６月）

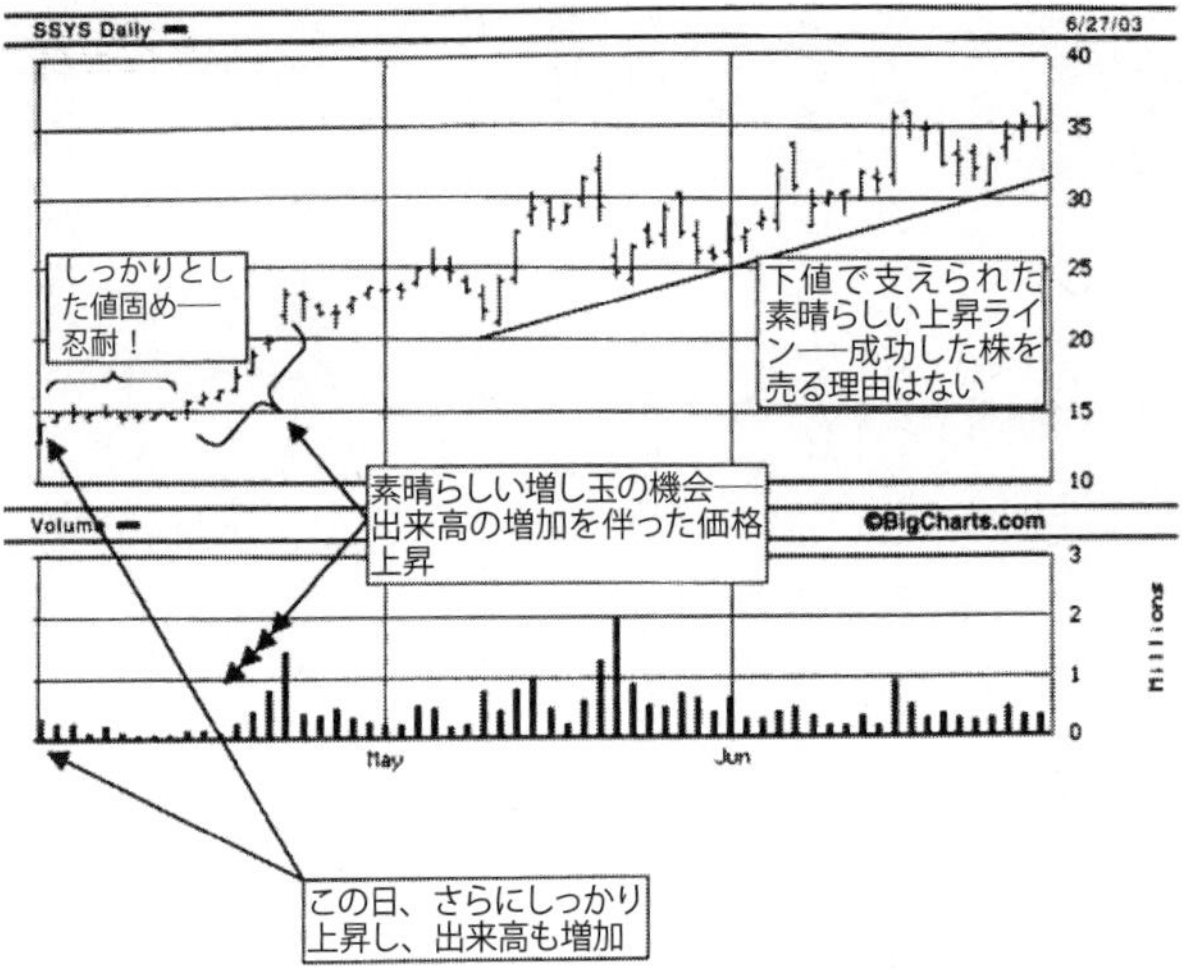


出所=www.bigcharts.com

２００３年3月21日にストラタシスを終値の13ドルで買って、34・58ドルで引けた6月30日まで保有したとすれば、１６６％のリターンが得られた。大切なのは、必ず相場全体が上昇トレンドに入ったのを確認するまで待つことである。

実際、ナスダック（上昇トレンドを確認するための有力な指数）は、3月12日に出来高の増加を伴いながら7・7ポイント高の１２７９・23ポイントで引けており、重要な反転の兆候を示していた。すぐその翌日には61・54ポイント高の１３４０・73ポイントと急騰し、出来高もさらに急増した。これで相場の強さが裏づけれられた。

次の日には０・45ポイント安とわずかな押しが入った。前日の大幅高からすれば、この押しは積極的な意味を持つものだった。次の立会日（5月17日月曜日）には51・95ポイント高と一層大きな上げ幅を示し、出来高も拡大を続けた。ダメ押しともいうべき動きだ（第5章で上げたオニールによる相場の確認の動きの評価を参照）。

ナスダック指数は２００３年3月11日の安値１２７１・46ポイントから6月30日の終値１６２２・80ポイントまで27・６％の上昇を見せた。その後も市場は上昇トレンドを続け、ストラタシスとナスダックはさらに上値を追った。

同年9月30日には、ナスダックは1786・93ポイントを付け、3月11日の安値からの上昇率は40・5%となった。一方、同日のストラタシスの終値は42・62ドルで、3月17日のブレイクアウト・ポイントから227・9%値上がりした。

上記と同じ時期、その上昇トレンドに乗って大きく値上がりした別の先導株がある。ネットイーズ・ドットコムだ。ネットイーズは中国のインターネット関連企業で、中国のインターネット市場向けのアプリケーションやサービス、技術を開発・提供している。

中国経済は急速な成長を遂げつつあり、消費者の多くがインターネットに接続している。ネットイーズのADR（米国預託証券）はナスダック市場で取引されており、ネットイーズを含むインターネット関連企業はこの上昇トレンドで先導的役割を担った業種のひとつだ。図I・3、図I・4を見ると、ストラタシスと同様の分析がここでも当てはまることが分かる。

ネットイーズの場合も、ストラタシスに似たパターンが現れている。やはり、相場全体が見事な上昇トレンドを開始した直後に、大量の出来高を伴いながら抵抗領域を

**■図Ⅰ-3　ネットイーズの日足（2003年１～３月）**

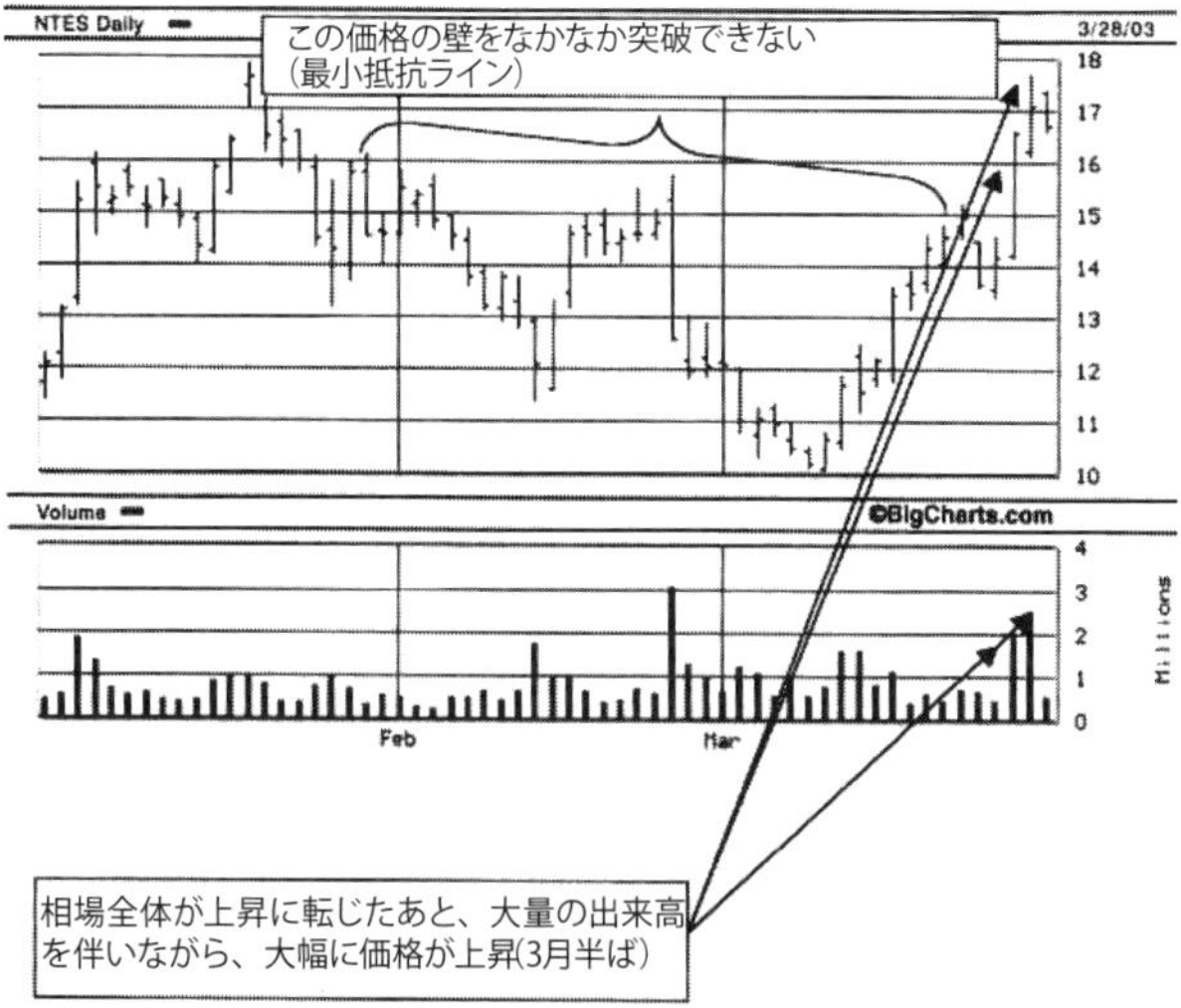


出所=www.bigcharts.com

## ■図Ｉ-4　ネットイーズの日足（2003年４～６月）

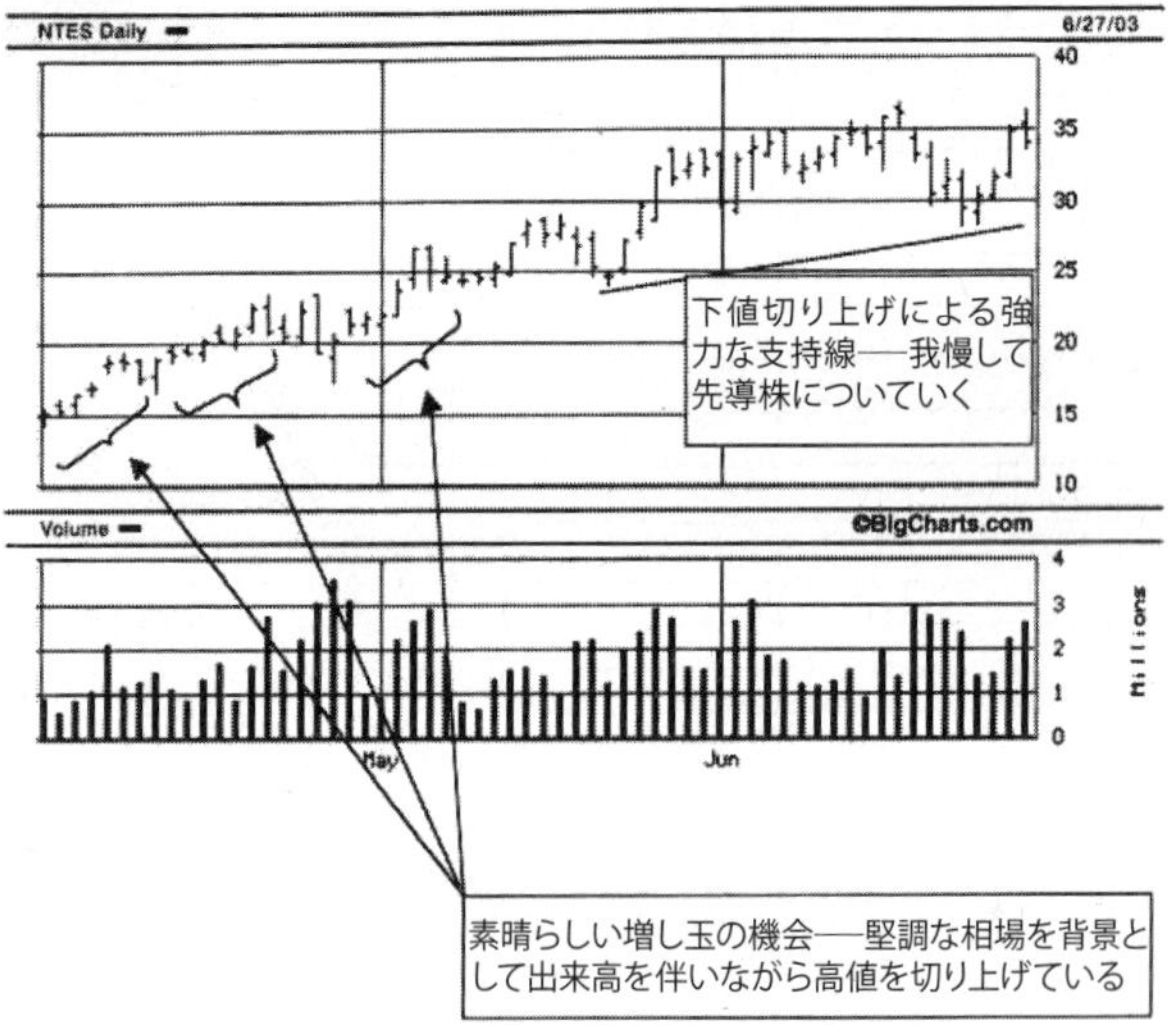


出所=www.bigcharts.com

ブレイクしているのである。ファンダメンタルズも極めて好調だった。

02年第4四半期は、利益が207%、収入が815%増加していた。03年第1四半期は、利益の伸びが486%、収入の伸びは392%だった。

明らかにネットイーズは、成長途上にある市場セクターの活力溢れる企業だった。上昇トレンドのなかで、有力な機関投資家もこの新たな先導株に注目を集め、買い付けを増やした。

もし2003年3月26日に同社を16・60ドルで買っていれば、36・47ドルを付けた6月30日には119・7%の値上がりを享受できた。9月30日には55・86ドルとなり、3月のブレイクアウト時点からみて236・5%の値上がりとなった。

追って述べるほかの大トレーダーからも分かるように、彼らのほぼ全員がリバモアの戦略とルールを踏襲している。そして、そのおかげで株式市場で成功を勝ち得ているといえるのだ。

# 第2章　バーナード・バルーク

――10回のうち3、4回しか当てることができなくても、間違ったときにすぐ損切りする分別があれば一財産築けるはずだ。

## ■「事実博士」

バーナード・バルークは1870年サウスカロライナ州に生まれた。ニューヨーク市立大学を卒業したあと、1891年に就職したニューヨークの小さな証券会社A・A・ハウスマン社がウォール街とのかかわりの出発点となった。仕事は、週給5ドルで、使い走り、伝令、雑用係である。

彼は、実力をつけて昇進するために、夜、簿記の学校に通い、企業の財務分析の方法を身につけた。またフィナンシャル・クロニクル誌を定期的に購読するなど常にいろいろな記事に目を通し、金融を中心とした知識を増やそうと絶えず努力した。

同時に、自己資金による投機も手掛け始める。当時、委託証拠金率はわずか10％（第1章で述べたのと同じ）、つまり10セント預けるだけで1ドルの株式を購入することができた。

バルークの初期のトレードは、ご多分に漏れず勝ちはほんのわずかだった。しかも知識や経験もなく、堅実なルールや規律も欠いていたために、そのわずかな利益すらすぐに失っていた。取引は信用による10株ずつという小規模な売買で、そのほとんどは、工業株と鉄道株だった。リバモアと同じようにニューヨークの合百《ごうひゃく》にまで手を広げたが、そこでの素早い動きになじめず、成績は芳しくなかった。

彼が投機ビジネスで初めて大失敗をしたのは、鉄道会社のある事業について「特別情報」を入手したことが原因だった。しかも、関係者でもない人物からである。事業内容はプットイットベイ（エリー湖上の島）のホテルにロープウエーを建設するというもの。彼はこの事業に大いに熱を上げ、父親を説得して８０００ドルも投資させた。ところが、その事業は失敗に終わり、バルークは全財産を失ったのである。

それでも父親は息子への信頼を失わず、新たに500ドルを貸そうと言ってくれたのだが、彼は初めて被った大損害の経験を深刻に受け止めた。彼もまた、お金を失って初めて、自分の欠点の改善に取り組むようになったのである。

彼は、この損失から貴重な教訓を得た。それは、損をしたときは分析を行って原因となった過ちを見つけだすということである。これはリバモア同様、生涯をとおして続く重要な規律となっている。自己分析は、バルークにとっても強力な研鑽の手段だった。

分析の結果、損失の原因が分かった。それは、会社のファンダメンタルズや将来の成長と利益の見通しなど、投資対象についての知識が欠けていたためだ。そして、もうひとつの損失の原因は、資金量を超えてトレードをしたことだった。

わずかな元手から大きな財産を築くのは不可能であり、株式市場で本当の成功を収めるためには時間を要する。手っ取り早く金持ちになる方法などなく、本物の成功は長い期間をかけて手に入れるものだということを、バルークもまた悟ったのである。

そうしてトレードを重ね、経験を積むことで、次第に相場の実際の動きを理解するようになっていく。

１８９３年の暴落は、恐慌を引き起こして鉄道会社に打撃を与え、さらに１８９５年まで続いた。まだ駆け出しだったその年、彼は債券のセールスを担当していた。そんななかで恐慌を経験したせいで、彼は自分のトレードよりも、お客の取引口座のほうを気にするようになる。

さらに、このころ気づいたことのひとつは、恐慌から景気が立ち直るときには、大きな利益がつかめるということだった。１８９０年代から１９００年代初頭は、恐慌や景気後退に近い状態がしょっちゅう生じていた。その景気後退の期間は、のちの時代よりもはるかに長く続いた。そうした景気循環を何回か経験したあとで、暴落が起きて株価がひどい安値に沈んだ時期に株を買うことの有利さに気がついたのである。

入念な観察を重ねた彼は、いずれ景気は立ち直ると確信していた。また、観察熱心なトレーダーにとってそれが素晴らしい投資機会になることも心得ていた。だが同様に、観察には時間がかかることも理解していた。

１８９５年には、彼の週給は5ドルから25ドルに上がったが、ウォール街で働いた

4年間では、資産はまだほとんど増えていなかった。給料が上がったことで、かえって損のかさむトレードにのめり込んでしまったのである。

相変わらずオーバートレーディングを繰り返し、そのために何度となく破綻に追い込まれた。相場が大きく動くたびにトレードの量を増やし、自ら損失の拡大へとつなげた。これはリバモアも経験した、未熟な時期の落とし穴のひとつだといえよう。

トレードの結果は芳しくなかったが、気にせずに精進することを誓った。会社では、利益の8分の1を与えられることになった。つまり、会社の共同経営者になったのである。このとき、わずか25歳。仕事ぶりの優秀さを経営首脳陣から認められて、出世の階段を一気にかけ上ったのだ。

若いときは、トレードの良い訓練期だった。共同経営者としてハウスマン社から最初の年に受け取った報酬と同額の6000ドルを失ったこともある。

会社では、顧客企業のために他の会社の支配権を買い占める仕事にも取り組んだ。狙った企業の支配権を取得するために大量の株を買い付けることで、会社は手数料としての収入を得る。数回そうした取引に成功した結果、ハウスマン社に対するバルークの持ち分は3分の1にまで増えた。

１８９７年、彼はリサーチを行ったうえで、アメリカン・シュガーを信用で１００株買った。その後の6カ月間、株価はずっと値上がりを見せ、その利益をもとにしてさらに株を買い足した。株価の上昇に応じて、増し玉をする手法である。

利益を失うことのないように自分のポジションを注意深く見守りながら、値上がりするたびに増し玉を行い、最終的に全株を売却したときには、利益は6万ドルになっていた。

彼は、1万９０００ドルを出してニューヨーク証券取引所の会員権を手に入れた。しかし、金銭的な問題が生じたために会員権をある親戚に譲らざるを得なくなり、結局その資格を取得することはなかった。ただ、アメリカン・シュガー株で成功したことは、トレーダーとして大成するための大きなきっかけとなった。

１８９９年にはハウスマン社が大きく躍進したために、バルークは再度ニューヨーク証券取引所の会員権を買うのに十分なお金を手に入れた。今回の購入には3万９０００ドルかかったが、自分の名前が取引所のエリート会員の間に並ぶことになり、その自信は深まった。

この年のハウスマン社の利益は、50万1000ドル。彼の持ち分は3分の1なので、取り分は16万7000ドルである。ビジネスマンとしての大成功と高収入を手にする歩みは順調そのもののように思われた。

ところが、その直後に秘密情報を耳にしたバルークは、アメリカン・スピリッツ製造にほぼ全資金を投入してしまった。

1株10ドルで買い付けた株式は、ほんの数週間で大きく値下がりした。6月13日に10・25ドルだったものが、6月29日には6・25ドルにまで急落したのである。これによって、彼は破産寸前のところまで追い込まれた。ほんの少し前までの成功を台無しにしただけでなく、一時的に自信喪失に陥ってしまったのである。

このとき学んだ教訓は、秘密情報や他人の勧めに乗って株を買うものではないということ、そして、将来の投資機会に備えて必ず予備の現金を取っておくということだった。実際、以前のアメリカン・シュガーの成功と今回のアメリカン・スピリッツ製造の失敗の差は、自分自身のリサーチをもとにしたトレード（成功）と、事実調査を怠ったトレード（失敗）という違いが原因なのだ。

いろいろなことを学び、トレードでの成功も増えだしたころ、彼は株式トレードを投機としてとらえるようになった。投機（スペキュレーション）という言葉はラテン語のスペクラーリーに由来するもので、調べることや観察することを意味する。

彼は投機家を「将来についての観察を行って、事が起きる前に行動する人物」と定義した。成功のカギを握るのは、どれだけ機敏に行動できるか。重要な事実に到達するためには、複雑で矛盾を含む細部の迷路を探り分けていく必要がある。そのあとには、見つけだした事実に基づいて冷静にきっぱりと、しかも巧みに取引を行わなくてはならない。

投機で成功するためには、冷たく堅固な事実と、事実を扱う人間の熱くなりがちな感情とを解きほぐすことが課題となる、と彼は述べている。

バルークは、ウォール街での自分のキャリアを振り返り、長期にわたる人間的精神の鍛錬の過程だったとよく口にしている。彼によれば、市場は将来を読もうとする人間が集まってできているが、その人間は非常に感情的になりがちだという。事実というものに対してこのような規律で臨んでいた彼は、セオドア・ルーズベルト大統領とののちの関係をきっかけに、「事実博士《ドクターファクト》」というあだ名をつけられるようになる。

**・リサーチは美徳**

アメリカン・スピリッツでの6万ドルの損失のあと、秘密情報での失敗から学んだバルークは、ブルックリン高速鉄道株のトレードですぐに6万ドルを取り戻した。今回はリサーチを行ったもので、この回復によって自信がよみがえり始めた。さらに、1901年にアマルガメイティッド・コッパーの空売りで過去最高の利益を上げた。その利益は、我慢すること、自分でリサーチすること、そしてトレードが正しいと分かったときは慌てて利食わず利益を伸ばすこと、によってもたらされた。また、その株は売りではなく買いだと批判する人もいたが、それには耳を貸さなかった。同社の株価は1901年6月に130ドルまで上昇しており、リサーチの結果、銅の市況がその高値を支えるという見通しはなく、いずれ下げに転じると判断したのである。

7月から8月にかけると、実際に株価は下げ始めた。その年の9月6日、マッキンリー大統領を狙った暗殺事件で大統領は昏睡状態に陥ってしまう。彼は、そのときの国内社会情勢の不安定さから同株の空売りを仕掛ける決心をした。

銅の供給が需要を上回るだろうという考えは、依然として変わりはない。値下がりが続くのを見ながら、彼は売りポジションを持続した。下落は最初の仕掛けが正しかったことの証明である。60ドルでポジションを閉じたとき、利益はおよそ70万ドルになっていた。この取引によって、リサーチ結果と事実にあくまで従う自分の能力への自信が一層深まった。

そのあと間もなく、ルイスビル＆ナッシュビル鉄道会社（Ｌ＆Ｎ）の経営状況と利益見通しを研究した結果、同社株を買うことにした。

１９０１年夏の時点では、以前の大幅値上がりから一転急落したノーザンパシフィック鉄道の影響を受けて、Ｌ＆Ｎの株価は１００ドルを割り込んでいたのである。ノーザンパシフィックはさらに下げ続け、同年の恐慌の一因となった。

バルークは自分の分析に従って、Ｌ＆Ｎの買い付けを開始した。鉄道会社を所有・経営することは少年時代の夢のひとつで、それを実現したいと思ったのだ。１９０２

年1月までL&Nは力強く上昇。彼は投資家グループを作って、株の買い増しを行い、同社の支配権を手中に収めようとした。しかし結局、完全な支配権を手にすることはできず、夢は実現しなかった。だが、最後に株を手放したときには、約100万ドルにものぼる大きな利益が彼の手に残ったのである。

ウォール街に足を踏み入れてから5年が過ぎた32歳の時点で、彼は320万ドルの財産を築いており、成功者という高い評価を固めつつあった。そんななか、1902年夏に、持ち株を全部処分してヨーロッパ旅行に出かけ、そこで自分の将来について考えた。ウォール街にとどまるべきか、あるいはいつも考えていた法律か医学という専門分野に進むべきか、熟考を重ねたのである。

結局、実際に成功していたことが決め手となってウォール街にとどまることに決め、翌年8月、33歳のときにハウスマン社を辞めて投機家として独立することを決意した。ウォール街で成功するには、単独でプレーすべきだと判断したのである。

退社後はトレード頻度が減り、相場の細かな日々の変動にあまり注意を向けなくなった。その代わり、特定の会社や業種の建設的な事業や投資に、より多くの時間を割くようになった。

また、ベンチャー事業でも成果を上げ、成功した株式投機家という評判に加えて、有能な資本家との名声も広がっていった。

### ・投機家の誕生

ここで、成功の事例をひとつ挙げよう。

当時、自動車が普及し始めていたことに目をつけたバルークは、ゴム会社の研究に着手。1903年の富豪恐慌（当時そう呼ばれた）のさなかにラバー・グッズ製造社の株を買い始めた。その後も、好調な製品グループが注目を浴びると、そこから利益を上げるほかの産業を探した。

ラバー・グッズ製造株の買い付けは会社の買い占めにまで至り、彼はほかの投資家とともにコンチネンタル・ラバー社を設立することになった――同社は最終的にはインターコンチネンタル・ラバー社という名称になる。バルークは結局同株を売却したが、それによって相当の利益を上げている。

1904年初め、スー鉄道が新たな路線を西部に建設して小麦輸送を増強する計画を立てている話を聞きつけると、徹底的なリサーチを行い、同株を60ドルから65ドルの間で買い始めた。その路線の見通しは想定ほど有望ではないという噂が流れたが、そうした無駄口は無視した。数年前の教訓で学んでいたので、門外漢の話や意見には邪魔されないと決めていたのである。

その年、小麦は大豊作となり、スー鉄道の収入は50％増え、株価は110ドルまで高騰した。そこで同社の分析を再度行い、見通しの見直しを行った結果、値上がりした株価にはそれだけの根拠がないことが分かった。そこで彼は、値下がりする前にその株を売り抜けたのだ。

このトレードが成功した要因は、リサーチと分析が適切で、かつ経験を積んだことで株価変動の理解が深まったからだ。また、柔軟な対応で、変動の方向（上昇か下落か）について感情的な決めつけをしなかったことも良い成果につながった。

この取引が示すように、バルークは、分析とリサーチを自ら行って、自分が事実だと判断したことに基づいて忠実に行動をした。また、状況が変わったと思ったときには機敏に方向転換している。

### ・成功と権力

35歳のバルークは、だれもが認める投機家であり大富豪であり、かつ資本家としての名声も確立しつつあった。以前の失敗を繰り返すことなく、一生懸命働き、絶えずリサーチと研究を行うことで、若くして並はずれた金持ちになったのだ。

１９０７年の暴落のときにも、相場の変化に合わせて動き、被害を受けることはなかった。むしろ逆に、２００万ドル稼いだほどだ。さらに、暴落が引き起こした流動性危機の回避を支援するために、マンハッタン銀行に１５０万ドルを寄附した。ユタ・コッパー社に対しては、給与の支払いを助け、事業活動の破綻を防ぐために50万ドルを融資している。

ウォール街の取引を通じて、バルークは多くの財界首脳の人となりを詳しく知るようになった。のちに彼は、第一次大戦中の活動でそうした人々と交際するようになる。

ウォール街での経験は、彼にとってすべての活動、さらに生活全体に大いに役立つことになった。彼の父親は有名な医者で、彼の人生観に大きな影響力を持っていた。彼は株式トレードで単にお金を稼ぐだけでなく、もっと公益を追求するために、ウォール街を離れることを考え続けていた。

第一次大戦が勃発したとき、それまでに作り上げたさまざまな人間関係を活用して、ウォール街を離れて公職に就いた。戦時産業省の長官を務め、平和条約の草案作成を補佐するためにウッドロー・ウィルソン大統領にパリに呼ばれたこともある。戦時産業省の仕事を始めたとき、彼は利益相反を避けるために、証券取引所の会員権と政府の契約から利益を受ける可能性のある企業の株全部を売り払っている。

大戦後は、株式売買で利益を上げる仕事よりも、公職のほうに大きな満足を感じるようになっていた。大戦での経験によって考え方が変わったのだろう。彼は、米国国防会議の諮問委員会委員となった。その職務は、米国の戦備計画に必要な原材料の確保を監督することである。その後、セオドア・ルーズベルト大統領政権の下で公職に就くこともあった。

築き上げた名声のおかげで、多くの権力者の助言役を務めることができた。実際、

4つの政権下で任命権のある職務を果たし、6人の大統領の顧問となっている。そのほかにも、1946年の国連原子力エネルギー委員会の米国代表団団長などがある。

バルークは公職に就いたときにウォール街でのトレードを止めたと噂されたが、実際にはマーケットの観察やトレードも行っていた。ただ、すべての時間をトレードにあてることはなくなっただけである。彼自身、株式トレードと国家への奉仕の間でバランスのとれた生活を気に入っていたようだ。

彼は、依然として相場の大口参加者だった。例えば、株式相場が堅調だった1925年のトレード記録によれば、成功したトレードでは140万ドル以上を稼ぎ、失敗したトレードでは41万5000ドル強を失っている。トレードの利益に比較して、損失をほどほどに抑えていたことに注目してほしい。また、翌年は起伏の多い相場だったが、それでも差し引き45万7000ドル以上の利益を確保している。

相場が一気に急騰した1928年には、事務所をウォール街の近くに移した。彼は、1920年半ばから終盤にかけての米国の経済状況を、極めて強気に見ていた。投機熱が拡大すると同時に過熱し、株価がどんどん値上がりした1928～1929年には、彼は市場で非常に活発に活動した。そして、暴落が起きる前にほとんど相場から手を引いていたのだ。ほぼ一直線に上昇する株価に違和感を抱いていたからだろう。

バルークは1929年の10月に相場が天井を打つと読んでいたとされるが、彼の記録の中には、市場で最初の大幅な相場急落が生じたあとも含めて10月中ずっと株を買っていたことを示すものもある。同年の記録を見ると、この年トレードで61万5000ドル以上の利益を上げたことが示されている（ただし、その記録には年末までに売却していない銘柄の損益が含まれていない可能性がある）。

市場で最初の急落が起こったあと、バルークは最悪の時期が終わったという確信を強めたようである。そして、アメリカ企業の先行きに強気の見方を示しながら、金融の嵐は過ぎ去ったと大勢の人に語っている。いうまでもなく現実は、最悪が終わったどころではなく、恐慌の時期はもっと続くのだった。

推定によれば、相場が天井を付けた1929年の彼純資産はおよそ2500万ドル。相場は同年後期から1932年の半ばまで大きく下落した（1929年9月3日に381・17ドルの大天井を付けた株価は、最終的に1932年7月8日に41・22ドルで大底を打った）。

しかし、バルークはそれほどひどい打撃を受けなかったようだ。その証拠として、彼の生活は以前とあまり変わっておらず、バケーションや政治団体への寄附を続けていたという事実がある。

バルークは１９５０年代半ば（80代）になっても、いくつかの証券会社に電話をかけ、あちこちで１回に１万株の注文を出し、ティッカーテープを何時間も見ていたと言われている。また、相変わらず大勢の人から、そのときどきの相場見通しについて電話で聞かれていた。たいていの場合、その答えは「だれも株式相場の予測はできないし、当然自分もそれをするつもりはない」というものだった。

バルークは築いた個人的財産を、生涯をとおして非常に巧みに管理した。１９４０年後半ごろからは、父親の医師としての業績と医業への献身に敬意を表して、大学や医療機関に高額の寄附をするようになった。寄附は、物理療法医学におけるリサーチの深化と研究の進歩を目的とするものでもあった。

並はずれた経済的成功によって、サウスカロライナ州の有名なホブコー荘を購入した。この大邸宅は1万7000エーカーの広さがあり、招かれた客人には米国大統領など大勢の有名人が含まれていた。遺産として残されたこの大邸宅の価値は1400万ドル、さらに彼が生涯に各種団体に寄附した金額は約2000万ドルだといわれている。

彼が自分の生涯を著した本は、1957年に『マイ・オウン・ストーリー（自伝）』という題で出版され、すぐにベストセラーとなった。バルークは充実して満ち足りた、報いの多い一生を送ったのち、1965年に94歳で亡くなった。

## ■バルークの手法

彼がトレードに必要だと信じていた能力は、自分自身を偽らないこと、そして正しいときと同じくらい間違えるときがあると認めることだった。

彼の言葉でよく引用されるのは、「どんな投機家も毎回正しいということはあり得ない。それどころか、半分正しければかなり良い平均成績をたたき出せる。10回のうち3～4回しか当てることができなくても、間違ったときに直ぐ損切りをする分別があれば一財産築けるはずだ」というものである。

またバルークは、人から聞いた言葉として「眠れるレベル」まで売るという言い方をする。これは、株のことが心配で夜も眠れないようなら、持ち株を売って減らす必要があるということだ。売ったほうがいいという直感が働いたときは、余分な心配をしなくてすむようにその直感に従うべきということだろう。

### ・研究を欠かさず、事実を把握する

リバモア同様、バルークも相場で真の成功を収めるには、全力を挙げて仕事に専念する必要があると考えていた。

トレードは非常に難しい仕事であり、持てる注意力を全部使わなければならない。自分の技術の研究に全精力を注がざるを得ないのは、やりがいのあるほかの仕事と同じだ。トレードでも、しっかりと心を張りつめている必要があるのだ。

彼によれば、株式相場によって経済状況が決まるのではなく、株式相場に経済状況が反映されるという。このことを念頭におくと、経済状況に適切に反応する能力はト

レードに欠かせないものだといえる。

彼のこの考え方に従えば、株価は経済的事実を映し出すものであり、上昇相場の高値に反映された過度の楽観論は警戒心を失わせるため、悲観論よりもはるかに危険である。このことは、バルーク自身が1920年代の半ばから終わりにかけて直接に経験したことだ。

言い換えれば、相場が効果的に機能するためには、強気と同じくらい弱気が大事なのだ。弱気は過度の楽観論を抑制して、相場にバランスをもたらしてくれる。

これと関係するトレード能力は、どんな状況で仕掛けるべきかをわきまえることである。リバモア同様バルークも、そのときの条件に応じて空売りと買いの両方でトレードを行った。そうした柔軟なアプローチは良い結果をもたらし、彼は買いと売りのどちらからも利益を得た。

投機家として成功するためには、絶えず相場が示す変化に素早く対応する能力が必須であることを、彼は経験から学んでいた。この能力は、相場トレンドの支えとなっている考えが終わりを迎えると同時に、強気相場が突然終了してしまう、といった場合に特に重要な役割を果たした。

確実な投資などは存在せず、投資が絶対だとか不変だと安心することはできない。よって投機家は、四六時中変化する相場に対応して動く必要があるということだ。

これは、相場の歴史のいたるところで繰り返されている。株式相場は基本的に、現在の経済活動と将来の経済活動の予想を反映する。したがって、新たな産業を創出したり既存の産業を一新したりする企業や業界の変化に対応することが重要なのだ。

例えば、1898年にはニューヨーク証券取引所に上場された企業の60%は鉄道会社だったのが、1914年には40%にまで減少している。1925年にはさらに減って17%となり、1957年にはたった13%を占めるだけになった。

そしていまでは周知のように、鉄道会社はほんの一握りで、取引所の全上場銘柄のうちのごくごく少数派である。代わりに、バイオテクノロジー、半導体、エレクトロニクスなど多くの先端技術産業における多様な革新的企業がたくさん上場している。

このことから分かるように、市場は常に姿を変え、新たなアイデアや革新の影響によって変容し続けているのだ。そして、その歴史において、極めて明敏なトレーダーたちは皆、市場が絶えず多様な新規の投資機会を提供するのに応じて、柔軟な対応能力を発揮してきたのである。

バルークは、人々が奇妙な群衆心理に従って行動すると確信していた。J・P・モルガンが言ったように、人が群衆として出来事に反応することによって「考え方の連続性」が生じる。そうした状況では、教育や地位はなんの優位性ももたらさない。

1929年後半の狂乱的な株価高騰が起きたのも群衆の反応が原因で、それが最終的には大暴落へとつながった。そうした過程では、知能指数とか、ほかの分野でどれだけの地位に就いているかなど、まったく関係ない。相場は個々の参加者などは無視して動き、個人的な特性は一切考慮しないのだ。

このような心理作用と、それが相場に与える影響への理解は、バルークにとって利益を追求するための重要なカギとなる。株価変動は、提示されたり予想されたりした経済的要因や事態の変化に、人間が反応するために生じることだと理解していた。

株式トレードで成功できるかどうかは、自分自身の感情から距離を置けるかどうかで決まるのだ。

大半のトレーダーと同じように彼自身もこの課題に苦労したが、経験と売買ルールによって感情面のコントロール法を身につけるに至った。株式相場では、感情のコントロールができなければ、成功して利益を上げることはできないのである。

バルークは株式相場を、経済環境の熱を測る体温計だとしている。

相場は景気循環を作り出すのではなく、単に景気循環や企業と景気の先行きに対するトレーダーの判断を映し出すだけ。好調な経済条件を生み出す主要因は、強力な国家防衛体制と良好な国家信用にあり、相場で生き抜いて成功を収めるためには、相場と経済の関係を理解し、相場が現実に機能する仕組みをつかむ能力が必要なのだ。

彼は、判断力と思考力の価値を知っていた。情報を与えられても、そこに判断力や思考力が伴わなければ、それに価値はない。そして、正確な判断を下すためには、全体像に焦点を当てる必要がある。機敏さと偏りのない判断を行う能力があって初めて、相場で成功できるということだ。

多くの人が相場で損するのは、彼らが相場の研究をしなくてもお金を稼げると考えているせいだと確信していた。大半の人が、努力などせず簡単に大金持ちになれる、という奇跡が相場では起こると信じているのだ。しかし、犠牲を払うことなしに、相場で金持ちになれはしない。

利益を享受できたときには、バルークは一層謙虚になって相場からのはからいを受ける。控えめな姿勢でいることで心のバランスが保たれ、トレードで正しい判断を下す必要があるときも、分別のある行動をとることができたのだ。

### ・自分で作り上げた規律

バルークは若いころにたくさんの失敗をしたが、その経験を生かして相場に取り組むための規律を作り上げた。そのうち最も重要なのは、「けっして秘密情報や内部情報に基づいて株を買わない」ということだった。以前に、そうした情報をあてにして、アメリカン・スピリッツの大損を含めて何度か手痛い目に遭ったからだ。その大損以降は、必ず客観的で確実な事実のみを頼りにするようにしている。

確固たる信念を持って自らリサーチを行い、企業の経営陣や競争力、収益や将来の成長可能性について、できるだけ多くの事実を見つけだそうと努めた。一生懸命に稼いだお金をトレードに投入する前には、目の前の状況についての事実を入手しなくてはならないと考えていたのである。

意外な人物が自らを株のプロと名乗って秘密情報をくれたときには、どんな場合でも警戒を怠ってはならないと警告する。

１９２９年後半にバルーク自身が体験したことだが、いつも施しものを与えていたホームレスが、ある日、役に立ちそうな株の秘密情報があると話しかけてきたという。この話は、ジョン・Ｆ・ケネディ元大統領の父で１９２０年代に大成功を収めた株式投機家であるジョーゼフ・Ｐ・ケネディの体験談とよく似ている。

ジョーゼフの話では、１９２９年の大上昇相場のある時期、まだ暴落が起きる前のことだが、靴磨きの少年が彼に相場の秘密情報を教えてくれたことがあったという。それを聞いたジョーゼフは、靴磨きの少年までもが秘密情報を口にするほど相場にのめり込んでいるのなら、天井は間近だと確信したという。

つまり、だれもが相場に投資しているのなら、需要は全部満たされてしまっており、株価が上昇する余地はもう残っていないと推論したわけである。

もちろん、ホームレスがバルークにアドバイスした話も、靴磨きの少年がジョーゼフ・ケネディに秘密情報を教えた話も、同年の大暴落の直前の出来事だ。そして彼らは、暴落によってポートフォリオがひどく傷つかないうちに、大半のポジションを現金化したのである。

バルークは銘柄をあまり分散化するのは賢明でなく、数銘柄に絞って入念な注意を払うのをよしとしていた。銘柄数が多すぎると、調査を要する関連事実がいちどきに重なって、全部を知ることができなくなってしまうからだ。

トレーダーは、一度にひとつのことだけに集中すべきであるというのが彼の考えだった。そもそも人間は、あまりたくさんのことに習熟することはできない。集中力は彼のすぐれた能力のひとつだが、彼自身もひとつのことだけに集中し、それをやり遂げて成果を上げることを好んだ。

リバモア同様、バルークも相場へのアプローチに改善点がないか調べるために、自分のすべてのトレードについて分析を行っている。自分の犯した過ちを発見して、将来へ生かすこの習慣は、トレードを始めて間もないころから続けていた。

完全な分析を行うためには、市場から離れることも必要だと考え、時にはポジションを閉じて保養に出かけた。実際、毎年夏になるとヨーロッパ旅行に出ている。完全に相場を休み、その充電期間で過去の売買を省みることは、心の健康にも役立った。その点リバモアも同じで、相場から離れている時間の大切さを熟知し、しょっちゅう息抜きの保養に出かけては、充電して相場に戻って来た。

バルークにとって相場から離れている時間は、心の安らぎを得られて、集中的に自分のトレードについて熟考するための、かけがえのないものだったのである。

また、アメリカン・スピリッツでの失敗から学んだ規律は、「けっして全資金を投入せず、予備資金として相当額のキャッシュを手元に残しておく」ということだった。それによって、状況が不利な方向に変わったときでも破綻を避けることができる。

また、予備資金を残すのは、特に相場が下落して底を付けるときに備えるためだった。そこで買えば必ず戻りがあり、いずれは値上がり益を手に入れることができるはずだ。予備資金は、そうした新たな投資機会に生かすことができるのである。

バルークは、懸命に働けばその分、見返りがあることを承知しており、目の前の仕事においても自分を厳しく律した。また、正しい情報を集めて賢明なトレードを行うためには、必死に働く必要があることを知っていた。相場では警戒心が不可欠であり、自分の能力を最大限に発揮するできるよう惜しみなく努力したのである。

彼は、自分のポジションについては沈黙を守るのが肝心で、単独でトレードすることが最も望ましいと経験で学んでいた。ハウスマン社を辞めて独立したのも、最大の利益を上げるためには、単独で常に集中力を保つことが何よりも重要だと考えたからである。

バルークは、自身のトレード経験を振り返り、最初のころに損を重ねた原因となった2つの主な過ちは、たいていの投資家も犯しがちだと気づいた。

その過ちとは、次のようなものである。

- 会社の経営陣や収益、先行き、将来の成長見通しなどについて、あまりに知らなさすぎること
- 資金能力を超えてトレードしがちであること

この過ちによって、バルークも何度となく全資金を失ったことがある。彼はその過ちをバネに、自分を鍛え直そうと決意し、投資候補企業について全力で徹底的なリサーチをするようになったのである。

バルークは財務データに明るく、研究対象企業のファンダメンタルズを解釈するうえで、大いに役立った。今日の言い方に従えば、バルークはテクニカル派というよりは、ファンダメンタルズ派のトレーダーだったといえる。彼は、会社のファンダメンタルズや総体的な特質を評価するとき、次の3点について検討した。

- 会社の実質資産。つまり、現金と不動産
- 必要とされるサービスを実行、または必要な製品を製造していること
- 経営陣が優秀であること

必ず経営陣などの会社の実態や財務面についてチェックしてから、トレードに着手することに決めていたのだ。

## ・事実とルール

バルークは、多くの売買ルールに従うというよりは、リサーチで得た事実を重視するという姿勢を厳格に守っていた。しかし、いくつかの売買ルールも確立している。特に、素早い損切りは、経験から学んだ必須のルールだった。

本書に挙げた全員が強調していることだが、自分の資金を守り、生涯をとおして富を積み上げていくためには、このルールは絶対に欠くことができないものなのだ。

売却では、多くの場合において、株価が上昇しているときに売った。これは1929年に何回も実行している。例えば、12万1000株にのぼる硫黄関連会社株を天井の直前で売ったこともあった。同年10月の暴落が起きる前に、全株を処分したのである。

バルークが資産を維持できたのも、こうした値上がりの途中で株を売却していたからだ。だれも、天井で売ったり底で買ったりすることなど、できやしないのだ。

さらに、経験を重ねることで一種の「感覚」が身につき、多くの場合、その感覚に照らして株価が高く上がりすぎたと思ったときに株を売った。つまり、どの時点で株価が行き過ぎたかを判断する特別なルールは持っていなかったようである。むしろ長年のトレード経験と、集中的な相場研究を重ねた者特有の感覚を発達させたのだ。

彼が従ったそのほかのルールは、過去の売買で犯した過ちから作られたものだ。

1906年に犯した過ちは、商品市場でコーヒーを買い付けたときに起きた――コーヒーの知識がなかったというのが第一の過ち。そのあと価格が下落し始めたときも、人から言われるがままに静観してしまった――他人の言葉に従ったことが第二の過ち。静観している間、価格は下げ続けたが、彼はそれをじっと見ているだけだった。

さらに、別の過ちをしでかした。彼はそのとき、カナディアン・パシフィック株も大量に保有していたのだが、利益が伸び続けていたその株を売ってしまったのである。コーヒーのポジションのために、証拠金を増額する必要に迫られたからだ。最後になって損失の膨らんだコーヒーのポジションを仕切ったとき、損失額はほぼ70万ドルに達していた。彼はこのトレードのあと、体までおかしくしてしまった。

このとき、知識のない商品は絶対にトレードしないこと、そして含み損はすべて手早く確定する一方で、利益はそのまま伸ばすことを心に誓った。また、コーヒーのトレードでの経験によって、いかにトレーダーとしての自信が粉々にされてしまうかについても痛感した。

バルークは、上手に株を買うよりも、上手に売ることのほうが数段難しいと常に考えていた。

トレードに感情が絡んでくるせいで、持ち株が値上がりする局面では、通常、投資家はさらに大きな利益を求めて売り惜しみをする――つまり貪欲になる。一方、値下がりの局面でもやはり売ることができず、株価が戻して悪くても損得なしで終わりたいと願う――それは空しい願いである。

こうした感情のせいで膨大な損失を被ることがあるため、感情の影響を受けないように懸命に努力した。株価が値上がりする途中で株を売り、値下がりするときは、すぐさま売って損失を確定するというルールに従ったのもそのためだった。

１９２８年には、相場が新高値を付けようとするところで数回にわたって株を売っている。売ったあとさらに上昇が続くようなら、すかさず相場に戻って前より大量の株を買い付けた。

こうしたトレードの行動を見ると、自分が勝手に思い描いた相場の動きに従うのではなく、相場が実際に示している方向についていくことが、いかに大切かが分かるだろう。

翌年8月は、相場の上昇が極めて急激で、彼は今日好調な株を買ったかと思うと、翌日には売り払うといった具合だった。相場の動きと自分の判断に基づいて、とるべき行動を決める、というのが彼の売買ルールだったからである。

長年の仕事をとおして確立した戦略に注意深く従い、トレードにあたって自分を律することで、バルークは経済界の大物、そして大富豪となった。

その後は、国家に奉仕し、数人の米国大統領の信任厚い助言者となることに、個人的な満足を見出すようになったのである。

# 第3章　ジェラルド・ローブ

――ほかのだれもが知っていることは、知る価値がない。

## ■機敏なトレーダー

ジェラルド・ローブは1899年に生まれ、サンフランシスコの証券会社の債券部門で働いていた1921年に投資を始めた。セールスはあまり肌に合わなかったようで、投機・投資、通貨、不動産、経済などについて書かれたものを片っ端から読んでいた。

投資資金は父親が遺産として残してくれた1万3000ドル。株式トレードへの興味が増すとともに著述への関心も芽生え、1921年後半には金融データや債券についての短い記事を発表し始めた。

１９２３年、彼は資金量に比較して相当な額の損失を被ったが、本書のほかのトレーダーと同じように、その過ちを教訓として一層大きな成功へとつなげていった。Ｅ・Ｆ・ハットン社では株式ブローカーの職を得たが、１９２４年には永住の地となるニューヨークに転勤となる。会社ではやがてパートナーとなり、１９６２年に株式会社への組織変更がなされたあと、取締役副会長の職に就く。

ローブは新聞のコラムニストや相場記者として知られるようになり、その記事はバロンズ誌、ウォール・ストリート・ジャーナル紙、インベスター・マガジン誌などに掲載された。

１９３５年には有名な『ザ・バトル・フォー・インベストメント・サバイバル』（パンローリングより翻訳刊行予定）を著した。初版で20万部以上売れ、１９５７年には読者からの要望に応えて改訂版が出された。１９６５年にも書き加えを行って再度改訂版を出版しているが、基本戦略については、初版との間に実質的な違いはない。

同書が本屋の店先に並ぶのと同じころ、別の有名な本が出版された。ベンジャミン・グレアムの『証券分析』（パンローリング）である。グレアムは、バリュー投資の生みの親と評されており、同書はバイ・アンド・ホールドの投資家にとってバイブルとされている。

相場でのアプローチに関して、グレアムとローブほど対極的な位置にいる人物はいない。どんな投資法が賢明で成功をもたらすか、投資スタイルが異なる両者は対照的な見解を見せる。長い歴史のなかで、成功したバリュー投資家は多い。なかでも一番有名なのは、もちろんウォーレン・バフェットだ。しかし、ローブもその生涯で株式市場から何百万ドルもの富を得ているのだ。

バフェットは、株や会社への投資を長年にもわたって継続する長期投資家と目されている。一方、ローブは株式市場を〝戦場〟だととらえていた。彼の有名な本のタイトルが示すように、利益追求の戦いで長期にわたって株を保有することは、リスクが大きすぎるというのだ。

これは、1929年の大暴落を目の当たりにしたことなど、長い間の投資経験から得たものだ。彼が大暴落から学んだのは、株にしがみついたまま売りを考えなければ、ポートフォリオに取り返しのつかない被害を生じさせるということだった。

ローブは大暴落が始まる前に、大半のポジションを相場から引き上げていた。読みの鋭いトレーダーだった彼は、大暴落が始まる2カ月以上前の9月3日に、すでに天井を打ったことに気づいていた。そして大暴落を間近に見たことで、それ以後ずっと長期投資を避けて短期売買に終始したのである。

実際、最初の本の出版から36年ほどたった1971年に『ザ・バトル・フォー・ストック・マーケット・プロフィット（株式相場で利益を上げるための戦い）』と題した続編を書いたが、この本でもやはり、相場を戦場とみなしていた。

ローブの投資スタイルは、市場のトレンドを利用しようとするもので、節目をとらえて売買し、早めに利食い、少額の損切りを実行した。彼は、大多数の投資家が相場について考えたり研究したりすることを怠っていると考えていた。必要な努力すら怠っているのである。バルーク同様ローブもまた、ほとんどの者が相場を金持ちになるための早道と考えていることを見抜いていたのだ。

株式投機で多くの人間が失敗する原因は、まさにそれだ。こうしたローブの見解は、リバモアやバルークが投資家心理について抱いていた感情と同じだった。つまり、相場をあまりに単純化してとらえるせいで破綻するのだと、3人揃って確信していたのである。

また彼は、株式相場で成功する投機家とそうではない投資家を分けるのは、経験から得た知識にあると確信していた。偉大なトレーダーは絶えず失敗から学び、それを次に生かすことで、最終的にトレードという仕事から大きな見返りを手にすることができるのだ。

投資という戦場で50年以上も生き続け、人生でも仕事でも成功と富を我がものにしたジェラルド・ローブは、間違いなく第一人者と呼ばれる栄誉にふさわしい人物だ。彼は、長年にわたる変動の激しい相場サイクルを経験するなかで、時の試練を乗り越えた。

残念なことに、彼の著作には富を築き上げるに至った具体的なトレードの詳細は書かれていない。だが、彼を成功へと導いた売買ルールについては、詳しく説明されている。

## ■ローブの秘訣

ローブは、最高の株式投機家になるためには、傑出した成果を生み出すための一定の能力と知識が必要だと考えていた。物事をじっくりと受け止め、徐々に始めることを重視した。というのも、自分の長所と短所をわきまえる必要があり、そのためには自分というものと自分の限界を知る必要があるからだ。

彼もリバモアやバルークと同じように、投機の定義を行い、投機と投資とを区別した。彼によれば、投機とは事実の入念な研究であり、教育と経験によってリスクを軽減することだった。

相場の経験を積むことで、その経験の心髄が知識となり、獲得した知識によって相場で有効なことと有効でないことが峻別される。株式相場では、事実は有効に作用するものであり、大トレーダーはそのことをしっかり心得ていた。

ローブとバルークは相場での活動時期が重なっており、知り合いとなった。バルークはかつて、次のような手紙をローブに書いたことがある。

「事実をつかんだら、自分が偏見を持っていないかの自己評価を行い、そのあとで自分自身の判断を用いるべきです」

前に述べたように、バルークが投機という言葉を使ったのは、確実な投資などないと感じていたからだ。彼にとっては、応用と勤勉が成功の秘訣だった。

一方、ローブは富を築きたいのならば、投資ではなく投機を行うべきだという結論を出している。ローブにとって投資というのは、自分のお金を人に預けてその見返りを得ることである。これに対して投機は、頭脳を使って予想した将来の可能性に基づいて、計算済みのリスクをとることだった。

また、彼の考えでは、大成功を収めるためには、単にファンダメンタルズの良好な株を買ってずっと保有するのではなく、理解力や観察力、分析力を大いに活用して相場の変化に即応し、その変化をうまく利用することが必要だった。

**・機敏さと規律が利益をもたらす**

ローブは、長期投資よりも短期トレード（6～18カ月間の株式保有）のほうがはるかに利益が大きいと確信していた。それは、適切な時機に適切な銘柄を選ぶことができるからだ。

将来の相当先の時点で相場がどうなっているのかを予測することは、どんな人間にとってもほぼ不可能だ、というのが彼の考えだった。天気と同じで、何カ月も先のことよりも、次の日に起こることを予測するほうが簡単だということだ。

こうした相場観に立つ彼は、相場の変化に応じて素早く売買を行う機敏なトレーダーとなったのである。

相場が持つ変化の要素は、彼にとってとても重要なものだった。トレンドの変化を他者よりも早く見つけだし観察する。その変化をうまく利用して行動することができれば、それだけ大きな利益を稼ぎ出すことができるのだ。

相場は真の意味で、投資家の予想による需給関係を反映するものであり、またそうした予想は投資家全体のなかで異なっているために、株価のトレンドには常に変化が生じるのである。**並外れた利益と平凡な利益とを分けるのは、適切な時間枠の中で、できるだけ意味のある変化を見つけだし、それに基づいて行動することだ。**

変化はまた、投機家としての生活にとっても欠かせない課題だった。個別株や相場全体のサイクルは、歴史的なパターンに従うことがあるとしても、常に変化し続けている。そのために、変化する能力や変化を発見する能力は、成果を大きく伸ばすことを可能とする。

多くの人は変化を扱うのが苦手だが、この能力は偉大な株式トレーダーには決定的な役割を果たす。相場では、時間とともに一定のパターンが繰り返されることが明らかにされており、また歴史的変化をとらえる能力もなくてはならない。

ロープもまた、トレードで成功するためには仕事に打ち込むことが必要だと感じており、生涯をとおして仕事熱心だった。また、短期トレードで成果を上げるには、すべてを挙げてそれに取り組む必要があると考えていた。その点でも、先人のリバモアやバルークと同意見だった。

ロープはテープ解読者であり、トレーダーの成功・不成功に運は一切関係ないと確信していた。成功をもたらすのは、知識であり、人より優れた能力である。相場を理解するために費やす時間が、トレードの結果に直結すると考えていたのである。

相場は、他の専門的職業や事業と同じで研究を行う必要がある。株式トレードで大成功を収めるのは、ほんの一握りの人だけで、その点は、医学やスポーツ、音楽や科学などほかの分野とまったく変わりがない。

投機で成功するために最も必要な要素は、知識と経験と判断力である。彼は、最高のトレーダーはたいてい心理学者であり、成績が最低なのは多くの場合、会計士であると気づいていた。概して会計士のトレード成績がひどいのは、受けた教育のせいだろう。例えば、会計士は通常、一定のＰＥＲ（株価収益率）や簿価に基づいて株式の評価を行う。ＰＥＲがある値（たいていは低い値）をとれば、株が割安で買いの候補になるはずだ、というのが彼らの思考法である。

しかしローブによれば、実際の相場はそんなふうに科学的には動かないものなのだ。出来合いの図式が株の買いを示唆したからといって、株を買ったあとの需給関係は、必ずしもその株の価値を反映したものになるとはかぎらない。その考え方に従えば、トレーダーが重大なコストを負うことになりかねないと、彼は指摘した。

単に自分の信じるトレード法に従うのではなく、相場の振る舞いに応じてトレードを行うべきだということである。

ある株のＰＥＲが低く、図式に従うと株価が割安だと判断される場合、その株を買うべきだと思うかもしれない。しかし、相場が同じように考えて同じように動くとはかぎらないのだ。また、あるバリュエーションの図式に従って株を買ったとする。そのあと相場がまったく違う価値評価を下し、株が値下がりしても損切りをしなかったとすれば、自分の図式が正しいはずだと執着することで、資金の相当量を失うことになりかねない。

彼は、仮想売買が有効だとは考えなかった。というのも、仮想売買では、克服するのが一番難しい〝投資の心理的側面〟が抜け落ちているからだ。必死に稼いだお金を、実際に危険にさらすことのない仮想売買では、どうしても、現実と同じ感情的問題に取り組めない。

ロープは、市場でのバリュエーションを確立するうえで、心理的影響が大きいことも理解していた。通常、株価が新高値を付けるのは、それまでで最も多くの人が最大限の価値を見積もったからで、それが企業が最高の収益や最高の価値を実現したことと必ずしも一致するわけではない、ということだ。

彼もまた、感情は押し殺さなければならず、トレードの判断に影響を与えてはいけないと考えていた。トレードの判断は、希望的観測や夢によるのではなく、大きなチャンスに基づくべきである。そして、チャンスをうまく活用して成功を収めるためには、感情ではなく、しっかりとした売買ルールに従わなければならない。

ローブは、株ひいては企業すら、人間と同じ振る舞いを見せると考えた。誕生期、成長期、成熟期、衰退期といったように、株も人間と同じ段階や局面を通過する。そして、トレードの秘訣は、株がいまどの段階にあるのかを知り、その機会を上手に利用することにある。そのために、相場の心理を深く理解することが必要なのだ。

最大の利益を上げる重要な時期は「成長期」である。価格を決めるのは人間であり、利益は価格の背後に存在している以上、結局利益とは人間が作り出すものなのだ。究極的には、人間と利益が株価を上にも下にも動かすのである。

相場にとって人間の影響が大きいということから、彼はアナリストであることをやめて、心理学者としての資質に一層磨きをかけた。

例えば、1927年に彼が所有していた株はすべて、ファンダメンタルズに基づくものだった。完全な分析を行い、買われ過ぎだと判断して株を売却したが、思惑に反し株はさらに上がり続けた。その上昇を見た彼は、相場が強烈な強気の時期にあると考え、その株を再び買った。

相場心理の示すところによれば、投資家は買いの熱気に包まれており、過去のバリュエーションモデルは現在の高株価の尺度にはならなかったのだ。古典的な分析手段に従っていたら、彼はただ指をくわえて相場を傍観するだけだっただろう。

こうした事例から、彼は、特に株式相場において、「行き過ぎ」や「群集心理」の作用を知ることがいかに大切であるかを学んだわけだ。また、株の過大評価や過小評価については、相場自身が結論を下すものであり、彼自身の考えることは意味を持たないということも悟った。

錯綜した相場環境のなかで、トレーダーとして成功するために重要だと感じていた主な性質は次のものである。

### ・知力

- 人間心理の理解力
- 純粋な客観性に依拠する能力
- 生まれつきの機敏性
- 論理的でありながら創造的な思考

自分自身の考え方を理解することや、強気相場によって起きがちな次のような慢心を警戒することも大切だった。

- 自分が相場よりも賢いと思い込むこと
- アプローチが次第に大胆になっていくこと

大成功を収めると自信過剰になりやすく、それを抑えなければ大きな損害につながりかねない。相場は方向がはっきりしない時期がほとんどなので、その分、自信を持つことは大切である。しかし同時に、自信過剰にならないようにすることも重要なのだ。もちろん、そのためには、厳しい規律と自己制御が欠かせない。

また、相場がどんな段階やサイクルにあるかを分からなければ、大きな危険を招く恐れがある。大半の強気相場は、始まってから相当の時間がたたないと、大部分の投資家やトレーダーはそれに気がつかない。そして、強気相場が終わるのは、ほとんどの場合、誰もが浮かれ回り、ひどい買われ過ぎの状態になったときである。

相場の局面が実際に始まりつつあるときに正確にそれをとらえる能力は、その動きや方向を分析するために必要不可欠である。そうした機敏性が必要なのは、相場の方向が変化した時点で反応できるようになるためであり、また、その変化を人よりもできるだけ早く発見できるようになるためである。

ローブは、トレードで成功するために主要な決定要因として、価格と出来高を重視していた。なんといっても、出来高は需要の中心的決定要因である。そのため、価格と出来高のバランスと関連性、その相互作用を把握することが非常に重要なのである。本物の成功を手にするトップクラスの人間になるためには、次のことが必要だと彼は確信していた。

- 高い目標——野心的な目標をもつこと
- リスク管理
- 投資していない予備資金の保持を恐れず、我慢強くなること

ローブは、株式相場を科学というよりも、芸術としてとらえていた。

株式相場は、米国経済・世界経済の高度な複雑性と参加者の多さを反映して、非常に複雑になった。この戦場で成功するためには、かかりきりで注意を注ぎ、絶えず研究する必要があるというのが彼の確信だった。

最高の投機家たちは、自分自身の知識と情報を利用して利益に結びつけるための類まれな芸術的な才能を持っている。彼らには、いつ積極的に仕掛け、いつ様子見をしたらよいのか、を告げる直感力と判断力が備わっている。そして、大胆になるべきとき、退くべきとき、増し玉をすべきとき、経験とともにより早くなり得る損切りすべきとき、を知る「勘」がある。さらに、我慢すべきとき、急ぐべきとき、仕掛け時と手仕舞い時、自分の判断を信頼すべきとき、をわきまえているのだ。

### ・戦いにおける規律

ロープは、株式トレードで長期にわたって成功を収めるためには、規律というものが大変重要になると考えていた。なんといっても、投資という戦場では、強固な規律に厳格に従うことが絶対条件なのだ。

彼が初期のころ重視していたのは、相場のトレンドを知ることだった。相場がいまどんな段階にあるかをしっかり理解して初めて、株式売買のルールを実行できるからだ。

危険な相場つきになったときに、トレードを続けようとしてはいけない。相場の動きがおかしなときに売買をやめられるだけの能力と規律を持っているかが、投資の成否を分ける。しかし、それにはかなりの自己規律を要する。だからこそトレーダーに不可欠なのである。

多くのトレーダーは苦い経験を味わいながら、トレードのやりすぎや相場に逆らったトレードが負けにつながることを思い知らされる。ロープは、弱気相場では、勝負に出て間違いを犯すよりも、何もしないでいるほうがよいと考えた。

一方、強気相場では多くの場合、積極的になるのが望ましい。だからこそ次回の上昇期に乗るための資金を確保しておかないと、大きな機会損失になりかねないのだ。

相場が横ばい状態で明瞭な動きのサインが現れなかったり、戦争などのニュースが相場を動かしているときには、ローブは様子見に徹し資金を温存した。そうした状況下でトレードする場合には、金額や頻度を最低限にとどめている。次の上昇期がいつ来るかを知るのは難しいため、資金を手元に用意しておくことが大事なのだ。

手元資金は投機で成功するために必要不可欠のものだ。ローブにとっての手元資金は、将来の買い付けのための武器だった。さらに資金を温存し様子見をすることで、自信と感情を平常どおり保つことができるのだ。

彼はどんなときも、特定の少数の株だけを保有するようにしていた。そうすることで、それらに照準を合わせ、じっくりと見守ることが可能になるからだ。彼は、銘柄分散よりも集中を重視していた。過剰な分散化はせず、数銘柄に集中し、それを注意深く見守るほうがよいと考えていた。

「全部の卵を一つの籠に入れて、できるだけ丁寧に目を光らせる」というのがローブの口癖だった。いろいろな種類の投資商品や銘柄に資産を分散させると、結果的に必要なだけの専念や集中、銘柄知識が得られなくなるからである。

こうした考え方は、当時でもいまでも、一般的なアドバイスに逆行するものだろう。しかしローブは、経験を積み、能力を磨くにつれて、分散化は少なくなるはずだと語る。彼は、数種の先導株の動きをできるだけ丁寧に監視することで利益と成功を得た。

しかしここにも、やはり厳しい規律が必要になる。とりわけ、多くの銘柄の価格が急上昇する強烈な強気相場では、特に重要だ。

彼は、トレーダーは自分自身のために非常に高い収益目標——例えば6～18カ月の間に資金を倍増させるなど——を立てるべきだという。最高の投機家は相場で大儲けを狙うが、最高レベルを手にするためには、どうしても自分の心を律する必要がある。

彼にとって、投機は「定期的」収益ではなく、大幅な利ざやを狙うためのものだ。ただし、リスクはきちんと評価して、できる限り低く抑える。このこともやはり、少数の銘柄だけを保有、売買すべきだという戦略に通じる。

自分がよく知っている少数の銘柄に集中することで、最小のリスク水準で買うタイミングを選ぶことができるのだ。

もう一つの重要な規律は、自分が行ったトレードの分析を行うことである。これはリバモアやバルークだけでなく、これから登場するダーバスやオニールも実践したことだ。ロープもまた、将来同じ間違いを繰り返さないために、損を出したトレードの分析を行っている。失敗に焦点を当てて分析・検証することが、成功への確かな道。やはり、自分の失敗を理解することが、トレードで成功するためには不可欠なのだ。彼は、トレードを仕掛ける前にその理由を書きとめた。それによって、自分の行動を律することが可能になり、衝動的なトレードを防ぐことができるからだ。

あらかじめ、そのトレードの良いところと悪いところ、自分の期待する利益金額を書きとめておく。これは株の売却時にも役立った。彼は、株を買う理由を書いて、そのあと、そのとおりにならなかったり、変更が必要になったときは、それを理由に株を売った。

彼のように「先を見越した手順」をきちんと踏まないことが、多くのトレーダーが失敗する原因なのだ。そもそも彼らは、株を買った理由などそっちのけにするばかりでなく、買った理由が間違いだったと分かっても株を売らない。

ロープは自分にとっての「絶対ルール」と呼び、株を買うべき理由を書くチェックリストを作った。そこには、次の項目が含まれていた。

- ファンダメンタルズ
- バリュエーションとトレンド（PER、過去の利益成長率など）
- 目標株価とリスク
- 一般的情報

こうした理由づけを行い、合理的なルールだけに従うという規律を課すことは、感情を抑え、衝動買いを防ぐのに役立つのだ。

どんな有価証券にも必ずリスクが伴うため、トレーダーは自分独りで分析を行い決定を下せるようになるべきだということだろう。他人が口にする意見や秘密情報に耳を傾けるのではなく、自分自身の判断による。相場の周期的な動きについても判断し、また、相場全体のなかで自分の株について判断を下すことも重要だ。

さらに、相場がアキュミュレーション（買い集め）の段階か、ディストリビューション（売り抜け）の段階か、あるいはその中間段階か、いずれにあるのかを判断する能力も必要になる。

トレードの成功は、次の3つの次元で測られると彼は考えていた。

- リスク
- 収益
- 一貫性

肝心なのは、**リスクを管理し、自分のルールと戦略に一貫性を保ちながら最大の収益を求める**こと。自分の失敗から学びながらルールを策定することで、やがてそれが機能し始める。また、機能する場合としない場合を見極めながら、自分のルールを修正し改善していくことが大切なのだ。

ただし、個々のサイクルによってみだりに戦略を変えてはいけない。例えば、日によって割安株投資と成長株投資を変えたりするのは、まったく無益なことである。ローブの転売ルールには、トレーダーは十分な理由がある場合、必ずポジションを閉じるべきだという基本前提が含まれていた。この規律によって短期トレーダーと長期投資家が区別される。相場の確実な売りシグナルを無視してはならず、自分を長期投資家とみなすときだけ株を持続すべきだということだ。

長期投資の哲学は、非常に高くつくことがある（そのことは、2000年春に始まった劇的な弱気相場の展開を見れば分かるだろう）。相場が発する典型的な売りシグナルを無視して、下落する先導株を持ち続けたり、あるいはいまも持ち続けている投資家が、ここ数年でポートフォリオの時価を大きく減少させ、ひどい痛手を被ったことは周知のとおりである。

ローブは、税金を考慮して株を売ったりはしなかった。賢明なのは、銘柄や市場全体が売りのシグナルを発したときに株を売ることだ。米国では株の保有期間によって売買利益にかかる税率は変わるが、そのようなことはお構いなしに、得た利益の税金を払うのである。

肝心なのは、短期税率か長期税率という点で売りの決定が歪められないようにすること。適切な時期に売買するのであれば、株式はインフレに対する最高のヘッジ手段となるからである。

彼はテープ解読に熟練していたため、株の動きをとらえるためには、株価変動に従うことが重要だと考えていた。相場が動き出す最初の段階が絶好機だ。多くの場合、最強の株はそうだと分かる前にその強さを示すものである。だからこそ、常に相場の研究を怠らないことが大切なのだ。そうした最初の段階での兆候は、たいてい普通の株に先駆けて新高値を付けることで現れる。やがて本当の牽引役であることが分かり、最高の値上がりを示すのである。

だが、株価が大幅に上昇して、大半の投資家があまりに楽観的になり、相場の何もかもが完璧に見えるようになったときこそ、気を配る必要がある。その点で彼も、リバモアやバルーク同様、株価がまだ値上がりしている最中に、吹き上げを狙って株を売るようにしていた。

ロープは、ＰＥＲが株を買うときの重要な規準になるという誇大宣伝を信じなかった。ＰＥＲが有用なことはほとんどなく、総じて感情的な反応を引き起こすだけだと気づいていたのである。彼は、株の買い付けに関してＰＥＲをあまり信用していなかったが、特に株価が高値へと進むときなどは、その分析を怠らなかった。

彼がトレーダーに勧めていた別の規律は、新高値と新安値を付けた銘柄をチェックすることだった。新高値を付けた銘柄や、じりじりと値を上げ始め、出来高も増加して有望な兆しを見せる目立たない銘柄は、その動きをさらに追いかけるべき絶好の株だと考えていた。そうすることで、新規買い付けの対象となる新たな先導株が自然に浮かび上がってくるというのだ。

トレーダーは、相場表を見て、普段より多い出来高を伴って１ポイント以上値上がりした銘柄を探す習慣を身につけるべきだ。そういう銘柄は基調が強いことを示しているからである。

自分に課した多くの規律のおかげで、ロープは、毎年利益を上げながら１９２９～１９３２年の弱気相場を乗り切ることができた。何回も損失を防ぎ、さらに、信じられないほどの利益を生み出したが、その大きな原動力となったのが、自分に対する厳しい規律だったのだ。

**・完璧な売買ルール**

ローブの売買ルールは、彼の50年以上に及ぶトレード歴のなかで完成された。若いころは信用取引を使っており、ほかのトレーダーにも初めの何年かはそうするように勧めていた。

彼の成功への第1のルールは、「相場が予想と逆に動いたときは、損失を受け入れて損切りし、気持ちを切り替える」というものだった。ローブにとって、これは損失の拡大を防ぐための保険だった。

彼は、リバモアやバルークと同じように、損失が10％を超えないように定めていた。これは絶対的な限度額で、このルールは何としても守っていた。トレードが不利に動くときは、必ず感情が顔をのぞかせるものだが、自動的に適用されるこのルールは、そうした感情を排して行動を実行するためのものだった。

ウィリアム・オニールは、その著『オニールの成長株発掘法』（パンローリング）のなかで、ローブが『ザ・バトル・フォー・ストック・マーケット・プロフィット』を執筆していた時期に会う機会があったと書いている。その際ローブは、株が買い値の10％に下げるずっと手前で手仕舞いたいと願っている、と述べたという。

一流のトレーダーは経験によって、あらかじめ決めておいた損切りルールが発動されないうちから、株価が変調を来していることを感じ取る。株式トレードの戦場で生き残って栄光を手にするためには、どうしても機敏に損切りができなくてはならない。ローブは、著作のなかでこのルールに繰り返し触れ、トレーダーが成功するための武器として、損切りが不可欠であることを絶えず強調した。

もうひとつの大事なルールは、「相場の一般的なトレンドに目を配る」ことである。相場のトレンドは極めて重要であり、ほかのルールがどれほど確実に実行されるかは、それによって決まるというのだ。

彼は、相場に勢いがつき始めた時期を選んで（上昇期の初期段階や、相場が弱含みの状態からちょうど反転しようとするとき）、動きの良い先導株を見つけだして買いに入った。トレンドが上向きのときに優良株だけを買う。買いは、最も好調な業種の主力株だけに絞り込むのだ。

出来高も必要不可欠な手がかりで、見逃せないものだ。大量の出来高を伴って大幅に値上がりすれば、強力な強気相場のサインとなる。株価が値上がりしても出来高が薄ければ、それは弱気相場のサインだ（例外もある）。ローブは四六時中、観察を続けた。彼はチャートを使うテクニカル派ではなかったが、テープを解読して株価を読んだ。

強気相場では、動きの良い先導株に集中投資するのが、どんな場合にも賢明な方法だった。また、上昇トレンドの相場で、抵抗レベルを超えて新高値を付けるタイミングをうまくとらえようとした。これは、リバモアが自身のトレード経験のなかで見つけだしたのとまったく同じ戦略である。

ローブはまた、そうした一定の価格レベルを超えていく大きな株価の動きに、出来高の大幅な増加が伴うことを好んだ。前に述べたとおり、それによって株に対する需要が強いことが確かめられるからだ。株価変動を見守ることを重視したのもそうした理由からである。機関投資家がその株を保有し購入するということは、有望な株の重要な条件であり、将来の値上がりに有利に作用するものだった。

さらに彼は、相場が調整や押し目から反転するときに、ほかの株以上の強さを示す先導株を見つけだそうとした。それは、将来の先導株をとらえるのに役立つ特性であり、また、その株の強さやその株に対する投資家の確信の証拠ともなるものだった。

どの株が一番有望で、何株それを買うべきかは、市場全体の動きで決まる。最高の買いシグナルは、株価が出来高を伴いながら力強く上昇してアキュミュレーションの段階を突き抜けることである。彼は値上がりした銘柄を好んだ。それは、たいていの場合、そのような銘柄はさらに上げ続けるものであり、活発に動く先導株として大幅な上昇が見込まれ、先行きが大いに期待できるからだった。

最高の株は、ほとんどの投資家にとって、常に割高に見えるものだ。ローブは安い株には手を出さなかった。それは、安い株はさらに安くなることが多いからである。彼の経験からいうと、安い株は買い得というよりも、価値に問題があることを示していた。こうした哲学もまた、その時代の一般的な市場の見方とは逆をいくものだった。

ローブはまた、相場が新たなサイクルに入ると、新しい別の先導株が誕生すること にも気づいた。以前の先導株が、次の段階の上昇サイクルで際立った成績を上げるこ とはめったにない。トレーダーは、市場サイクルの頂点におけるトレンドと動きに、 焦点を合わせる必要がある。というのも、それによって、次の価格変化が決まり、新 たな先導株が生み出されるからだ。

彼は持ち株が新高値を付けたときには、増し玉するのが賢明なトレード法だと考え ていた。その方法は、何年も前にリバモアが導入した試し玉と増し玉の戦略に近いも のである。

特定の銘柄に投資するときは必ず前もって全体の買い付け株数を決めていた。例え ば、ある株を1000株買う場合には、まず手始めに100株だけ買ってみるのだ。 その後、期待どおりの値上がりを見せたら、さらに200株買い足す。そのあとも、 予想どおりの方向に動き続けるかぎり、買い増して行く。そして、株価の値上がりに 従い、なおかつ、まだ適切な買い付け価格の範囲内にあることを確かめながら、予定 した1000株に達するまで増し玉していくのである。

前述のように、本書に登場するトレーダーたちは全員、大きな利益を実現するための重要ルールとして、この戦略を用いている。

ところで、ロープによると、株は強気相場では必ず大幅に過大評価され、逆に弱気相場では大幅に過小評価されるものだった。彼は株価よりも相場のトレンドを重視した。それは、株価が安値や高値を付ける理由は、何カ月もたって初めて分かるものだということを、経験から知っていたからだ。相場を動かすのはニュースそのものではなく、その予想である。だからこそ、ニュースとそのニュースが引き起こす価格調整との間の時間差を理解することが必要不可欠となるのだ。

普通、株価はニュースが伝えられた時点で反応するわけではない。ロープも何度か経験したように、市場の株価は、ニュースや経済・企業の新展開よりも早く動くものなのだ。戦争がその良い例である。彼は、投資家にとって戦争やその脅威が最大の危険要因であると考えていた。それは、ほかに例がないほどの不安を引き起こすことがあるからである。

ロープは、自身の原則を堅持した。そして、賢明なテープ解読者は株価が適切な動きを示したときにだけ買いに入るものだと確信していた。けっしてニュースのみに基づいてトレードすることはない。ニュースは、株価そのものではなく、テープの動きとの関連性を考える材料として使った。

彼が、株が買いに適しているかどうかを評価するために、重視した根本的性質は次の3つである。

- 質――良好なファンダメンタルズ、流動性、優秀な経営陣
- 価格――上記のルールに従う
- トレンド――最も重要な性質で、価格よりもとらえやすい

トレンドは一番重要な要素であり、とりわけ、株価の上昇トレンドの初期、中期にはそう言えた。

主要なファンダメンタルズ特性のなかでローブが好んだのは、会社の経営陣が優秀なこと、そして最高幹部が相当数の自社株を保有していることだった。また彼は、株

価の支配的な変動要因は会社の利益と将来の増益期待だと考えていた。ファンダメンタルズの面では、主にそれが株価を動かすと見ていたのである。

マネーマネジメントのルールについて言えば、次のようなものを用いていた。長年にわたる相場経験に基づいて、その有効性は確認している。

- 6～18カ月後に、最終的に資金の1・5～2倍の値上がり益を得ることを目指す
- プロはひとつの銘柄に最大で資金の20％までのリスクをとる
- 投資利益を得やすいのは、株が底入れから反転するタイミングよりも、上昇中の株が高値に進みそうなタイミングをとらえることである。一流トレーダーにとっては、「一番高い株が、実際には一番安い」

彼は利益が膨らんでいるときの売りのルールをあまり持たず、自分の経験や判断によることのほうが多かった。ただ、注意した売り時は、賢く振る舞って相場を出し抜

いたと得意気になりかけたときだった。それは十中八九大きな誤りで、警戒を怠らないように気をつけなければならない。そうした自信過剰のせいで、長年にわたって数多くの株式トレーダーが破滅に陥っている。

自分がいかにすごいかを自慢し始めると、マーケットは必ずトレーダーを地上に叩き落として惨めな目に遭わせるのだ。

ローブの経験によれば、株価が天井を付けるのは、普通、売買が活発で出来高も増えているのに上昇が頭打ちになるとき、あるいは売買が活発なのに値下がりするようなときである。それを見極めるためには、やはり、相場と自分のポジションに集中して絶えず観察を続ける必要がある。

彼にとって転売の決定には、上昇がどの段階にあるかが重要だった。2～3年先導株だった株と、まだ動き始めたばかりの株だとすれば、たいていは古いほうの株を売ろうとした。それほど長期間にわたって値上がりが続いた先導株は、燃え尽きる時期に入ると考えなくてはならないのである。

彼が機敏な短期トレーダーであることを考えると、こんなふうに考えたのは奇妙と言えないこともない。

ここで、強気相場でローブが守った転売のガイドラインをいくつか挙げよう。

- この先、弱気相場に転じそうなときに売る（彼は弱気相場では全部キャッシュ化することもあった）
- 保有株の会社に問題を見つけたときに売る
- タイミングからいって、もっと良い買いの候補があるときに売る（ポートフォリオ中のもたついている株を売って新たな先導株に乗り換える）

持ち株の上昇が止まって下げに転じたときは、ポートフォリオのなかで一番調子の悪い株を真っ先に売却し、好調な株は残すのが鉄則だった。彼が勧めていた戦略のひとつは、毎年、年末にポートフォリオの10％ほどの株を売ることである。このルールを実行すれば、一番成績の悪い株をポートフォリオから取り除くことになり、チャンスがあれば、売却資金を使ってもっと強力なポジションをとることが可能になる。低調な株を除いて、常に一番好調な株を保有するのである。

ローブが着目したほかの売りシグナルは、大商いを伴って急騰したにもかかわらず、その日の終値が始値と同水準以下だったというケースだ。これは、その株のそれまでの勢いが反転したことを意味し、強力な需要が減退し始めた可能性を示唆するものだった。

例えば、1929年の大暴落前の天井付近で、先導株がそうした変調を示し始めた。そのおかしな動きを見てほかの株に乗り換えると、そちらも動きが不調で、結局買いに値する強い株がひとつもないことを知った。つまり、相場の動きが自動的にポジションを閉じさせ、買うべき株がまったく残っていないことを教えてくれたのである。また、株価が値下がりに転じる前に利益の確定にとりかかった。彼の見解によれば、転売は買いよりはるかに難しく、プロと素人の違いは売りの上手下手にあった。

転売の秘訣は、持ち株が急騰して大きな利益が生まれたときに売ること。だれの目にも売り時と分かる前に売る必要があるということだ。そのためには厳しい自己規律が不可欠だが、これも本書に登場するトレーダーは皆、それをわきまえていた。

ロープが用いた主な転売ルールは、基本的には次の2つだった。

- 損失が10％になる前に損切りする
- 年末にはポートフォリオの最低10％は入れ替える。ポートフォリオの弱点をなくすために、不調なほうから10％のポジションを取り除く

売りに関して行ったそのほかの決定は、ガイドラインに基づくものか、あるいはその場の判断によるものだった。彼は、長年にわたるトレードから、判断力の向上には経験の蓄積が不可欠であることを学んでいた。

彼は、どんな株にも買い時と売り時があることを承知していた。売り時と買い時を知り、それを見極める能力を身につけること。これは、最大の利益を上げるための眼目であり、多くの場合、相場で儲ける者と損する者を分ける原因となる。

多くの人が相場で損する主な理由は、次の3つだと彼は考えていた。

- 高値づかみ（テクニカル面の考慮不足）
- 劣悪なバランスシートへの認識不足（ファンダメンタルズの無視）
- 不正確な予想収益への依拠（もうひとつのファンダメンタルズ要因）

また別の潜在的な売り要因は、株価が吹き上げて買われ過ぎとなり、高すぎるせいで値崩れするケースだった。彼は、そうした動きが株価下落につながった例を幾度となく見ており、これは彼にとって強力な売りシグナルだった。

空売りに関していえば、めったに成功するものではないとローブは考えていた（その理由は、大半の弱気相場は上昇相場や強気相場ほど強烈でないということだった）。しかし、もし空売りを仕掛けたいと考えるならば、次のガイドラインに従うことを勧めている。

- 悪材料の予測（ほとんどの場合非常に難しい）
- トレンドラインの下へのブレイク、弱い反発力、相場全体の下降トレンドなど、

## 相対的に不調な動きへの着目

ロープはまた、株価が高すぎると感じたからという理由で、空売りをすることのないように忠告している。株価が高すぎるかどうかは、自分の個人的な判断によるのではなく、相場の動きで決める事柄なのである。空売りをするときには、その会社のファンダメンタルズが悪化して、株価が新安値を付けていることが条件となる。

ジェラルド・ロープは、株式市場について書いた2冊の本のなかで、自分のスキルと規律と売買ルールのすべてにわたって詳しく説明している。ロープが株式市場で長年にわたって得た成功は、本当に素晴らしい離れ業であり、一流トレーダーを目指すすべての者にとって学ぶべき手本である。

# 第4章　ニコラス・ダーバス

――良い株とか悪い株とかいうものは存在しない。存在するのは、値上がりする株と値下がりする株だけだ。

## ■徹底的な「アウトサイダー」

本書に登場する「時代を超えた偉大な株式トレーダーたち」のなかで、ニコラス・ダーバスは、ブローカービジネスから出発することがなく、ましてやその経験すらない唯一の人物である。

ダーバスは1920年にハンガリーで生まれた。ブダペスト大学で経済学を学び、第二次世界大戦のときにトルコに脱出する。1951年には渡米して、国際的なプロ・ダンスペア（ダーバス・アンド・ジュリア）を組んだ。

1952年11月、彼は、出演することになっていたトロントのナイトクラブから、お金ではなく株式で支払いたいという申し出を受けた。それはブリランドというカナダの小さな鉱山会社の低位株だった。出演料としての申し出は6000株で、その時点での株価は50セント。当時彼は株には無知同然だったが、彼の都合で出演することができなくなってしまったため、お詫びとしてその株を買い取ることにした。

株を買ったあと、そのことはすっかり忘れていたのだが、2カ月たって初めて株価を調べてみると、驚いたことに1・90ドルまで値上がりしていた。思わず自分の目を疑ったが、即座に売却してほぼ8000ドルの利益を手にした。株取引が持つ利益の可能性に驚いたダーバスは、このとき、完全に株式市場のとりこになってしまったのだ。

初体験で儲けたこのとき以来、株の魅力に取りつかれ、株について学びたいと強い関心を寄せるようになった。そして、トレードを始める大半の人と同様、彼もまた、相場の「秘密」を探るというお定まりのパターンをたどる。株についてまったく経験がなかったので、何をどこから始めたらよいか皆目見当がつかない。そこで、良い株はないか、何か特別な情報はないかと、日ごろ出会う知り合いに尋ね始めた。すぐに分かったことは、尋ねた相手の大半は株について相当の知識があるようで、また株についてアドバイスをしたがっているということだった。間違いなくあっという間に金持ちになれるという銘柄を、大勢が教えてくれた。

そうした推奨株や特別情報から、カナダの低位株に関係するものだけに絞り込んだ。なんといっても、それで最初の大儲けをしたのだ。その素晴らしい小さな宝石から、もっと稼ぐことができると考えたのである。

ほとんどの人が経験していることだが、そうした行き当たりばったりのやり方はひどい結果をもたらす。彼も、平均で月に約１００ドルずつの損失を出すようになった。どうやら、せっかくの熱心なアドバイスもすべて大して役に立たないようだ。彼は、秘密情報を聞いてはすぐに手を出すといった形で売買を繰り返し、時には25～30もの違った銘柄を保有することさえあった。

成績が良くて気に入った銘柄は自分の「ペット」だと言っていた。「利食い千両」という古い格言に従ったトレードに手を染め、少しでも利が乗るとすぐに売り、ついには過剰売買の状態に陥っていった。そんな状態で1年ほどがたったが、第二のブリランドは現れず、業を煮やして方針を変えることにした。

次に始めたのは、株式ニュースレターや投資情報サービスに加入することだった。そうしたニュースレターやサービスの筆者は、四六時中相場を追いかけている専門家のはずだ。これは、そこら辺のズブの素人の言うことを聞くというやり方より、ずっと理にかなっているように思われたのだ。

彼はニュースレターが取り上げた推奨株を手当たり次第に買い始めた。しかし、結果は思いどおりにはいかない。以前よりも損が増えただけでなく、サービスの契約料を払い続けることでさらにコストがかさんだ。

そこで最良の情報源であるブローカーのところに直接行ってみることにした。考えてみれば、ブローカーは毎日相場と向き合っているだけでなく、どの株を買うべきかアドバイスを与えることで実際に生計を立てている。

ブローカーを相手にするようになって、ダーバスはニューヨーク証券取引所の上場銘柄をトレードするようになった。いまや相場の秘密を発見したような気持ちだ。なにしろ、いまでは大市場の本物のプレーヤーになったのだ。だいたい1日に1回トレードを行い、まさに株式相場師になったような思いだった。

ブローカーやウォール街の言い回しをきちんと理解できるように、株式市場や投資関係の本も手当たり次第に読み始めた。後年、タイム誌に大きく取り上げられた記事のなかで、株式市場や一流相場師について200冊以上の本を読んだと語っている。

相場や金融関係の本で知識を身につけたあと、ブローカーのアドバイスがあまり思わしい結果にならないこともあって、もっと株のファンダメンタルズに目を向けることにした。そして、ファンダメンタルズに着目し始めると、細かな資料や綿密な分析が必要になった。ここから、徹底的な勉強が始まるのである。

企業の年次報告書やインサイダー取引についても学び、さらにほかの分析も行うようになった。トレードにあたっては、PERや株式の格付けなどのウォール街でよく使われる指標を重視したが、そうしたトレードもあまり良い結果を生まなかった。

このころから業種が重要であり、相場では「強気につけ」というスタイルがあることを知るようになる。以後、一番活発で好調な業種に着目し、忠実にファンダメンタルズに基づいてその業種の中から先導株を選び出すようにした。

そうした分析の結果、ダーバスはジョーンズ・アンド・ラフリン・スチールという銘柄に注目した。鉄鋼株はそのときの相場リーダーでもあった。彼は同株を1株当たり52・50ドルで1000株、信用（保証金率は70％）で買い付けた。全財産の3万6750ドルを注ぎ込んだのだ。

ファンダメンタルズについてあれほど研究し、また先導株をあれほど注意深く選んだにもかかわらず、株価は下がり始め、信じられない思いに襲われた。彼は、株価が下落しているという事実をどうしても受け入れることができず、下がること自体がおかしいと思えた。

それでも株は下げ続け、44ドルを付けたときに彼はとうとう売却した。約9000ドルの損失である。ジョーンズ・アンド・ラフリン・スチールは彼の新発見の戦略にとって大きな打撃となった。

あるとき新聞を調べていたダーバスは、テキサスガルフ・プロデューシングという銘柄に注目した。この株について聞いたこともなかったが、株価は値上がりを続けていた。上げている理由は不明で、分かっているのは値上がりしているという事実だけ。ファンダメンタルズで優良銘柄を探しているときに、同株に行き当たらなかったことには確信があり、その値上がりが信じられなかった。

それでも、その株価の動きをしばらく見守ったあと、彼は37・25ドルで1000株買うことを決めた。5週間後、同株を43・25ドルで売り、手数料を別にして5000ドルの利益が自分のものとなった。

ブリランド株の取引で儲けたときからほぼ3年がたっていた。その間、数多くの売買法を試してきたが、ダーバスはこのトレードから、株は値動き自体の力で上昇するものだということを学び、本当に重要な点はそこにあることを知ったのである。

それ以後、値動き自体に基づいて行動するようにし、株価の変動を綿密に調べ始めた。パターンや株価変動、実際の成績を調べるために、過去の株式ガイドやチャートの勉強も始め、過去の株価パターンを示すチャートガイドを熱心に研究した。このような研究に没頭したことが、のちに大きな報償に結びつくことになる。

彼はさらに進んで、ファンダメンタル分析とテクニカル分析とを結合し、これを「テクノ・ファンダメンタル・アプローチ」と名づけた。このアプローチは彼のボックス理論の基本要素である（いずれについても本章の後半で説明する）。

ダーバスはそうした精密な分析の結果、良い株も悪い株も存在しないということを悟った。存在するのは値上がりする株と値下がりする株だけで、その価格は市場における需要と供給の法則によって決まる。このことに気づいてからは、チャンスが現れるのを我慢強く待つようになり、以前ほど頻繁にトレードを行うことはなくなった。

以前、ダンスの講演で1カ月間家を離れざるを得なかったとき、自分の代わりに1万ドルを運用するようにブローカーに頼んだことがある。帰ってみると、その1カ月間で、ブローカーは40回も売買を繰り返していた。結局、まる1カ月で正味300ドルの利益しか上がっていない。ブローカーは、値上がり途上にある株を売ってわずかな利益を確保するということを何度も繰り返しており、逆に、下げ続ける株は回復を期待してずっと持ち続けていた。

この結果を見てダーバスは、上げつつある株は絶対に売ってはならず、損の出ている株は素早く売る必要があると考えるようになった。

また、高値に進んだ株はさらに大きく動くものであり、利益が得やすいことにも気づいた。この経験が身に染みて、彼はブローカーの言うことには耳を貸すまいと決心する。彼の結論は、会社の業績とその会社の株の成績とは別物だということだった。

彼はさまざまなことを学んだ間にも、トレードで何回も損失を出していた。しかし、こうした損失や失敗はウォール街への授業料だとみなし、いずれは成功してみせると心に誓っていた。ウォール街で修士号を取得するための勉強だと考えたのである。彼が気づいたのは、損失は自分のルールを破ったときや、成功して自信過剰になったとき、失敗して捨て鉢になったときに生じるということだった。

以上のように研究を続けた結果、ダーバスは思いどおりの結果が出せる戦略の完成段階に来たと感じた。そこで、自分の発見や経験の一部をまとめ上げた。もちろん、株式トレードを始めたほとんどの人が陥る誘惑に彼も陥っている。それは次のようなものだ。

## ・安い株

・特別情報や噂

・相場全体が一時的に下落するなかで急落した優良株

ダーバスはまた、もっぱら価格だけに依拠して買うことは愚かだと気づいていた。それは特に株が高値圏にある場合によく当てはまった。さらに、以前の先導株は、調整のあと元のレベルにまで戻るのに長い時間を要することがあり、大半はそこまで回復することはなかった。

彼はタイミングが重要な働きをすることにも着目していたが、それは相場全体のなかでその株が示す総体的な動きと関係していた。また、成長株が大きな利益をもたらすのは、成長そのものというよりも成長への期待だった。彼は、株価が値上がりしているときに買えば大きく稼げると考え、上昇している株以外には興味を示さず、これが主なトレード法となった。

彼によれば、相場は参加者の行動様式に従って動くものだが、参加者のだれもが、実際に行動に移るまで自分が何をしようとしているのかを知らない。

彼は自分がこうした地点に到達するまでの長い道のりを総括した。実際のところその道のりは、大部分のトレーダーが経験するものとまったく変わらない。違うのは、ダーバスが絶対にあきらめず、絶えず集中力を保ち、決然と成功を目指したことだ。彼の売買システムは、次のようによくある道筋をたどっている。

1. 特別情報や噂
2. マーケットニュースレターの購読
3. ブローカーへの相談
4. 株式相場関連書籍（ウォール街の専門用語を学べた点で有益だった）
5. 企業の年次報告書やファンダメンタルズ
6. 店頭株（追随的な動きがあまりない小型株）
7. インサイダー取引
8. リサーチ（業種、PER、銘柄格付けなど）。その結果、ジョーンズ・アンド・ラフリンで9000ドルの損失を出した

## 9．テクニカル（株価の動き）。一番大きな成果を上げた

戦略とルールが改良されていくにつれ、努力が実を結び始めていく。1952年から1960年台の初めまで、彼は活発にトレードを行っている。初めてブリランド株で利益を上げたときから、合計で245万ドルにまで利益は膨らんでいた。

そのうちの225万ドルは、さまざまな失敗をとおして戦略を変更してから稼いだものだ。それは、並はずれた成功と大きな評判のせいで、アメリカン証券取引所が、彼の行っていたストップロス注文（本章で後述）使用を一時停止させたほどだった。

ダーバスの戦略が一般に知られるようになると、大勢の人がその方法に従い、ストップロス注文を使用するようになった。あまりに大量のストップロス注文が一斉に執行されて、売りの連鎖反応を引き起こした。その結果、規模の小さいアメリカン証券取引所では突発的な株価の急落が生じるようになり、同取引所はストップロスの使用を一時中止する措置をとったのである。

株を始めて6年半が経過した1959年5月、彼の利益は200万ドルを優に超え

ていた。タイム誌はビジネス欄で彼のことを大きく取り上げ、この記事はウォール街に並々ならない反響を呼び起こした。

それは、低PERの絶対視やブローカーの助言受け入れなど、ウォール街で一般化されていた投資行動の多くを無視していることが詳しく書かれていたからだ。また、華々しい成功は多くの投資家に大きな興奮と関心を巻き起こし、話を詳しく聞かせてほしいという依頼が出版社から舞い込んでくるようになった。

それを受けて彼が著したのが、有名な『私は株で200万ドル儲けた』（パンローリング）である。この本はわずか8週間で20万部以上が売れた。その後、第2作『ウォール・ストリート――ジ・アザー・ラスベガス（もうひとつのラスベガス、ウォール街）』も出版された。

以下では彼が富を手にするために実行した戦略を説明していく。

## ■ダーバスの方法

ダーバスもまた経験を積むことによって、一定の技能と規律と売買戦略を身につけられること、そして、それによって良好な成果が得られること、を試行錯誤の末に見つけだした。

### ・時間をかけて学んだ慎重に行動する能力

ダーバスの特長を表す一番ピッタリした表現は「がんばり」ということであろう。なんといっても、彼には非常に成功したもうひとつの職業があるのだ。証券ビジネスとかかわりがなかった彼が、最初の成功がきっかけで多くのフラストレーションと研究が長年にわたって続く過酷な道へと入り込んだ。ほかの人間ならば、彼が進もうとしたはるか手前の時点で挫折してしまっていたことだろう。

決断力と、失敗に対する絶えざる自己分析が、最高のトレーダーに求められる要素である。タイム誌の記事のなかで彼は、1日約8時間かけて相場や特定銘柄の価格変動の分析を行うと述べている。その作業は、ダンスの厳しいスケジュールの間に行われたのだ。

彼からすれば、投資家がトレードで損するのは無知のせいであり、また自分の問題が合理的な方法ではなく魔法じみたやり方で解決できると思い込んでいるせいだった。頭を使って考えるべきところで、感情やいわゆる直感に頼りすぎているのだ。そうした状況を見て、ダーバスは、大きな成果を上げて成功するためのカギは、次の点にあると考えるようになった。

- 目標
- 心理
- 仕事をするときのコンディション

彼は、最高の投機家は最高のチャンスだけを求めるものだと信じ、高い目標を掲げた。これは、ローブが「最高の投機家は相場で大儲けを狙うものだ」と悟っていたことと符合する。このように可能なかぎり最高のレベルを目指そうとすることは、ほかの分野での成功者にも当てはまる特徴だろう。

ダーバスもまた、仮想売買が役に立つとは考えていなかった。それは、習得が非常に難しいトレードの心理的側面が欠けているからだ。自分の心の能力を上げるためには、どうしても実際にお金を賭けることが必要なのだ。彼の考えでは、投機とは、株の買い手が将来いくらでそれが売れそうか予想を立てる基礎となるものだった。

彼はトレンドの予測と研究のためにチャートを用いたが、自分はむしろ頭のなかのチャートを使うのだと考えていた。ダンス公演の仕事があったため、ウォール街やティッカーテープから離れた場所にいざるを得ない。公演のために情報の入手が遅れるため、先週の動きなど過去の変動を何回も分析せざるを得ず、実際のところ、価格変動アナリストというのがふさわしかった。

ダーバスは、自己規律と忍耐力という長所を備えていた。本当の成功を収めるためには、本物のチャンスが自然に現れるのを待たねばならず、ときには長期間、何もせずにいなくてはならないことを知っていた。この活動休止は、積極的な株式トレーダーにとって特に困難なことだが、一流トレーダーは自分を抑える方法を心得ており、自分の資金に大きな損害をもたらす恐れのある衝動的トレードや過剰トレードを避けることができるものなのだ。

## ・ボックス理論で数百万ドルもの利益

ダーバスは、上昇する銘柄とその銘柄のトレンドを見つけだす方法を学ぶべきだと分かっていた。長期にわたる徹底的な研究の結果、彼は現在の株価の動きに基づいてその先行きを予測できるようになったのだ。

上昇の場合でも下落の場合でも、休止期間や小幅な調整、抵抗レベルはつきもので、彼はそうした価格の変動を、ゴムボールがガラス箱のなかでバウンドを繰り返す様子になぞらえた。そこには一定の秩序だった動きや進行が見られるものの、基本的に各銘柄で異なっている。これが、ダーバスの「ボックス理論」の基礎となった。

株価が、明確に定められた境界を越えて、ひとつのボックスから次のボックスへと進行し、次いで新たなレベルへのブレイクアウトが生じて別のボックスが形成される。これは株価の活発な動きによるものである。

こうしたボックス理論は、ダーバスが長い間、昼も夜も熱心に研究を続け、いろいろな形やパターンを探究した結果、確立した技法だった。そうした観察力は、試行錯誤による研究と自分が目撃したことや実践で実際に機能したことの検証をとおしてもたらされたものだ。

ロープと同じように、ダーバスも、人間を特徴づけるのと同じ個性を持つ株があることを発見していた。例えば、ある株は非常に気まぐれであり、別の株は比較的大人しく動きが控えめだった。この2人の偉大なトレーダーと同じように、何年も観察を続け綿密に相場を追いかければ、いくつかの株の動きが分かるようになり、また人間の持つある性格との類似性がつかめるようになるかもしれない。

またダーバスは、長期的投資家はいつまでもラッキーカードをあきらめず、まさに相場のギャンブラーとみなすことができるという。彼らは値下がりする株にしがみつき、株価が回復するだろうという希望を抱き続ける。それは悲劇的な誤りであり、資金をそっくり失ってしまう恐れがある。さらに、有能な株式トレーダーにとって不可欠な自信を喪失することにつながりかねない。

ダーバスの経験では、自らのルールによって売った株は、ほとんどがその後も下げ続けた。その実行によって、彼は次のチャンスに備えて資金をとっておくことを可能にした。また、自信を崩さず保ち続けることができるようになった。というより、自信を一層深めることができた。自分のシステムに対するそうした自信は、感情をコントロールする支えともなったのである。

### ・リスクの管理と最小化

株式トレーダーとして成功するため、規律ある戦略に従わなければならないことを学んだダーバスが特に重視したのは、判断を誤ったときの損失をできるだけ抑えることだ。そのために、損切りの戦略を熱心に追求している。

これは本書に登場する5人のトレーダーにとって、最も重要な規律であり売買ルールだ。そして、見逃してはならない重要ポイントとして、本書のなかでも繰り返し述べられている。

ダーバスは、リスクの管理と最小化に努めた。その唯一の方法は、不利な方向に動いたトレードの損失を最小限にとどめるよう、自分を律することだった。

売りの決断をするときは、税金のことは無視して、何よりも株で利益を上げることに集中した。売り時は株の動きだけを見て決め、動きを無視して節税や税法にこだわるようなことはしなかった。

ダーバス法は基本的に、株を買うための方法で、空売りのための手法ではない。この点で、買いと違って空売りで利益を上げるのは難しいというロープの考え方と同じだ。

上昇相場つまり強気相場のときだけトレードすることによって、利益を得るチャンスが最大化すると考えた。また長期的に見れば、相場の一般的なトレンドは右肩上がりであり、そうした長期的確率に従うことでリスクを減らしたい、と望んでいた。

テクノ・ファンダメンタル・アプローチとボックス理論からなるダーバス法の発展につれて、彼は次のようなことを理解し悟るようになった。

- うまくいくのは全トレードの約半分
- リスクを低減するシステムが必要
- プライドとうぬぼれの抑制
- どの銘柄、どの理論に対しても思い入れをもたないダーバスはまた、最高のパフォーマンスをもたらしてくれる銘柄も含めて、すべての銘柄に対して冷静で、感情を交えない姿勢で臨むことが重要だとわきまえていた。感情は完璧にコントロールしなくてはならない。相場に関しても個別株に関しても、恐怖、貪欲、期待、無知の感情が大きな影響を及ぼす。それらの感情と戦うためにはとてつもなく高度な自己規律が必要だ。

彼は感情のコントロールを訓練するために、各々の株を売買した理由を紙に書き出すことにした。トレードで損した場合には、その原因も考えて書き出した。原因を書き留めて分析することによって、将来同じ失敗を犯す危険を減らすことができる。書き留めた「失敗原因表」は、彼にとって非常に有益なものとなった。

失敗について検証と分析を行うことは、本書で紹介しているトレーダー全員に共通する重要なルールだ。自分が誤りを犯したときは、何があってもそれを正視し、損した取引を客観的に分析して教訓を学び取り、この先同じ誤りをしでかさないようにしなくてはならない。長期にわたってこうした手順を繰り返し実行すれば、失敗を減らしていけるはずである。

有能なトレーダーは、同じ失敗を繰り返さないようにすることで、間違った取引を避け、損切りによる損失も次第に減少させる。その結果、資金の無駄を大いに減らすことができるのである。

また、ダーバスが早くから学んでいたのは、他人の言葉に耳を傾けたり、自称〝プロの意見〟なるものを少しでも聞き入れると、たちまち損につながるということだった。この教訓を学んでからは、絶対に自力でプレーするようになり、自分の研究と観察に基づいてだけ行動した。情報源としては市場における実際の価格の動きが掲載されているバロンズ誌だけを使った。

ダンスパートナーと組んで世界中を回っているときは、テープを1日中眺めているわけにはいかない。頼りにできるのは、滞在先のホテルに送られてくる電報だけ。電報には彼が関心を持つ銘柄の株価が書いてあった。かつて2年契約でダンスのために世界中を回ったことがあるが、そのときも情報源は電報とバロンズ誌だけだった。

彼はバロンズ誌に載った株価の動きを研究し、それだけに基づいてトレードの決定を下した。情報源として事実だけに依拠し、他人の意見に耳を貸さないよう自分を律することで、最高の利益をもたらしてくれるような知識が得られたのだ。

トレードの腕が上がるにつれて、いちどきに5～8銘柄の株しか保有しないようになった。これは、過剰売買に陥って同時に30ほどもの銘柄を持っていた若いころとまったく異なる。分散を避け、絞り込むことで、そのファンダメンタルズや価格変動についてよく把握している少数の銘柄だけに照準を合わせることが可能になる。

さらに、一定の原則の間でだけ成り立つ関係があることを発見したのだが、それを正確に測ることはできないと考えた。つまり、その関係を利用すれば、相場全体のトレンドを決定するのが容易になるというのだ。相場が強力な上昇期にあるのか、あるいは下降期にあるのかを知ることが決定的に重要だった。

彼は、ほとんど例外なくどの株も相場全体のトレンドに従い、それに影響されるということを頭に刻み込んだ。ここでもまた、適切な相場環境だけでトレードするという自己規律に従うことで、多くのトレードから素晴らしい成果が得られたのである。

システムがうまく機能しだすようになると、ルールに従うことによって、上昇株の買い増しや損切り、様子見など、どんな行動をとるべきか、ほとんど自動的に決められるようになる。システムの規律を守ることで、トレードに感情が入り込む隙がなくなり、成功を収めることができた。

ダーバスはかつて、１００万ドルを手にしたとき、やや自信過剰に陥っていくつかの大きな失敗をした。そのひとつは、相場の動きの近くにいたいと思い、ウォール街の近所（証券取引所から１・５マイル）に移り住んだことだ。

これによって焦点がぼやけ、注意が散漫になって自分のルールを無視して、かえって大きな損を出すはめになった。一匹狼ではなくなり、他人の意見を聞くようになったのである。そして、過剰売買に走り出し、破れかぶれのトレードを行って、数週間のうちに10万ドルも損をした。

そのとき、完全に感情のコントロールが利かなくなっていた。幸いにも、彼はそれに気がつき、公演を行うことが多かったパリに帰り、電報を使った元のシステムに立ち返った。失敗に気がついた時点で、自分のシステムを正常に戻し、大成功の支えとなってくれた規律を回復したのである。

彼は、株式相場を完璧にマスターできる人などどこにもいないことを知っていた。

何百万ドルもの利益を上げ、ベストセラーを出版したあとでも、以前と同じように学び続け、システムの微調整を行った。やはり、トレーダーはどんなときでも、相場の研究を怠ってはならないのである。

ひとつの例を挙げれば、1961年5月から1962年1月の期間、少額の損を出し続けた彼は、いまは新規に買いに入る相場つきではないと、トレードを中止した。予想どおり1962年5月に暴落が始まったが、彼は完全に相場の外に立っていたため、損失を受けることはなかった。もし、相場全体のトレンドや、自分のシステムが発する主要なシグナルを無視し続けていたら、損は免れなかっただろう。

### ・過ちと新たなルール

ダーバスは、トレードに役立つことと役立たないことを見分けながら、さまざまな失敗をとおして絶えず学びながら、自分の売買ルールを確立していった。

その手法は、彼がテクノ・ファンダメンタル・アプローチと名づけた方法とボックス理論とから成り立っている。では、この手法が作り上げられた経緯を説明しよう。

彼は、先導株の座から滑り落ちた銘柄には目もくれようとしなかった。それは、損切りしそこねた買い手たちによる大きな上値抵抗があるからだ。ロープも述べているが、そうした古い買い手たちは、下落した株価が買い値まで戻った時点で売って損得なしに取引を終わらせたいと、待ちかまえている。

以前の先導株はそうした上値抵抗のせいで頭を抑えられ、新高値へと進むことができない。そこで、ダーバスは新たな相場サイクルとともに出現してくる新しい先導株に照準を合わせた。特に好んだのは、それらの株が上場来高値を付ける時点だった。新先導株には突破すべき上値抵抗がないため、一定の価格レベルまで一気に進んで新高値を付けることができるのだ。

株価の変動を研究した結果、彼は株価が一定のレンジ内で推移することに気づいた。そして、株価の動きと出来高の増加が重なると、上昇をもたらす強力な要因として作用することも発見した。

一方、株の値上がりをもたらす理由には、あまり注意を払わなかった。値上がりの主因は、株価の動きが生じたあとになって初めて明らかになるからだ。

何百ものチャートや株式ガイドでのたゆまぬ研究によって、株は一定のトレンドのなかで動くものであり、また共通の特徴を持っていることに気がついた。株価は時間軸に沿った特定のパターンに従う。細かな動きはそうしたパターンの内部でのみとらえることが可能だが、そのパターンを見つけだすことは容易ではなく、研究を重ね細部にまで目を配ることが必要だった。

ダーバスは、「ボックス」と彼が呼ぶ一連の枠の中を株価が動きながらトレンドを形成していくことを発見した。つまり株価は、各ボックスの枠内の高値ポイントと安値ポイントとの間を揺れ動くのである。

ボックス理論では、注目している株がピラミッドのようにボックスを積み重ねていくと同時に、現在の株価が最高の位置にあるボックス圏内にあれば、その注目を継続する。株価はボックスの高値と安値の間を上下に動き、それが高値40ドル安値35ドルの間であれば、「35―40ボックス」と呼んだ。

彼はこうした株価変動をダンサーの動きになぞらえた。例えば、ダンサーは低くかがみ込んだ姿勢から軽く飛んだり跳ねたりしたあと、思い切り高く飛び上がることがある。ボックス圏内を上下動する株価も、それと同じ動きを示すととらえたのである。

株価がボックスの下限を割り込まないかぎり、その株は順調に動いているとされた。下限（上記の例で言えば35ドル）を割った場合には、その株への注目をやめることになる。それは、当初考えたほど強力でない可能性があるからだ。彼は、強力なプライスリーダーになり得る株にだけ関心を示した。

この理論の要点は、ボックス内の株価変動に着目するところにある。株価がボックスの上限（上記の例では40ドル）を超えたとき、特に出来高増を伴う場合には、ダーバスは買いに入った。彼にとってそれは、株価がまさに次のレベルのボックスに突き進む段階で、またそれを支える十分な需要が存在する証拠だった。

そうした動きがどのように生じるかについては、特定の決まったルールを持ったわけではない。たいていはじっと観察を続け、いざという時点で機敏に行動に移した。

そうしたことができるのも、日々、相場や個別株を追跡することでその動きに精通し、継続的な観察によってタイミングを測るからこそだった。容易なことではないが、その分、十分な見返りがあった。

ボックスのレンジは、注目する銘柄ごとで異なっていた。難しいのは、さまざまな銘柄ごとに、その動きが適切なレンジ内に収まるように一つひとつのボックスを確定することだった。それには、細部に目を配りながら研究を重ねることが必要になる。

彼は試行錯誤でこの新しい理論に取り組みながら、注目する株のさまざまなボックスやレンジを見つけだす能力を高めていった。適切なタイミングで適切な買い時をとらえるために、自動的に逆指値の買い注文を執行するよう、ブローカーに求めた。

株価が新たなボックスを形成するとき、ブレイクアウトポイントのできるだけわずか上か、想定される一番上のボックスの上端で株を買おうと、タイミングを計った。株価がボックスの頂上ないし天井を超えて新たな領域へと進むポイントのできるだけ近くに買い付け価格を設定したのである。この方法は相場で確実にうまくいく秘法ではなく、ほぼ2回に1回しか成功しないだろうという予想もしていた。

多種多様な銘柄が、この新理論に基づいて売買された。経験を積みながらこのアプローチに磨きをかけ、さらに新しい考え方を学んでいった。

予想される50％の失敗から身を守るために、ストップロス注文の方法を確立し、利益の確保を図った。ストップロス注文を出すことで、自分の各持ち株について定めた価格まで株価が値下がりした時点で、その株を売ることになる。

このボックス理論で大事なことは、株、特に小型株が値上がりするときに、出来高も増大しているかどうかだ。ダーバスは、出来高の増大を伴いつつ株価がボックスの天井を突き抜けたときにかぎって、ボックスを使って買い付け価格を決めた。買ったあとは、株価が上昇している間はそのまま保有して簡単には売らず、逆に、自分が間違っていたときは損失を最小限にとどめるようにした。

ボックス理論は次のような前提に基づいており、彼は新たな目標を設定する準備ができていた。

- 正しい銘柄（上昇しつつある銘柄）だけを買う
- 正しいタイミングを計る必要がある（新高値を付けつつあるとき）
- 失敗しても少額の限定的な損失にとどめる
- 大きな利益（大きな勝利）は、方向が変わるまでそのままにしておく新目標を達成するために用いた手段は、次のようなものだ。

- 価格と出来高だけに焦点を合わせる
- ボックス理論
- 自動的な買いの逆指値注文
- ストップロスの売り注文を使って損失を限定し、リスクをコントロールする

この新システムによって、株価が上がり続けるとき、現在値の下に置いたストップロスの注文価格を引き上げることで、好調な株の上昇をとることができると判断した。右肩上がりのトレンドが続くときは株を買って増し玉を行い、トレンドが逆転したときには手仕舞って損失を最小にとどめる。

こうした戦略をとることで、ダーバスは相場のテクニカル面と単純な観察に頼ることが多くなった。一方で、最高のファンダメンタルズを持つ株ならば、一層素晴らしい成績を上げることができると考えた。

なぜなら、そうした株を研究したアナリストたちが、投資信託の運用者に買いを勧めるからだ。運用者がそうした推奨銘柄を買うことで買い付け力が高まり、その結果、株価の上昇が見込まれる。そして、新たな相場の先導株になるチャンスが広がる。

それらの推奨銘柄は将来的に最も大きな予想利益が見込める株でもあった。予想利益は株価の行方を大きく左右すると彼は考えていた。

こうした考え方をすることで、ダーバスは単にテクニカル面をとらえようとするだけでなく、もっと長期的な視点に立つことになった。彼はこの両面を組み合わせることで株を総合的に分析しようとしたのだ。

ダーバスはファンダメンタルズについて、次の点に着目している。

- 会社の資本規模
- その株が所属する業種
- 将来の四半期における会社の予想利益

テクニカルな動きを評価する場合には次の点に留意した。

- ボックス理論
- その株の出来高
- その株の過去の高値

以上のような方法を「テクノ・ファンダメンタル・アプローチ」と呼んだ。このアプローチとボックス理論とが結合され、相場での成功をもたらすことになる戦略が形作られた。

この間、ダーバスは相場の細かな変動はちゃぶつきであり、それをとらえようとすると当てずっぽうに頼らざるを得なくなると考えた。市場から距離をおいて、相場の個々の微動は目に入れないようにするほうが成績が向上する。これは、常にテープの解読を行ったリバモアやロープとは、異なるアプローチである。

このアプローチのために、彼はリスクコントロールの手段としてストップロス注文を活用して損切りを行ったのだ。つまり、相場を日々監視するダーバスのアプローチが、リバモアやローブのテープ解読のアプローチと異なっていることは重要な差異ではないのである。3人とも厳格な損切りのルールが、なんとしても必要であることを認識していたのだ。

ブリランドの経験からほぼ5年がたった1957年8月、相場の動きを見たダーバスは持ち株を1株残らず売り払った。買い持ちに値する魅力的な株がなくなってしまったからだ。

それから程なくして、小型の弱気相場が始まった。彼は、転換が生じる時期を正しく判断するのは難しいが、それが起きてから認めるのは易しいことを知っていた。転換が生じつつある時点を判断するために、株が自分のルールに従って動いているかどうかを調べた。

1957年のこの小型弱気相場の間、ダーバスは相場に参加せず、分析に没頭した。その結果、前の先導株が次の上昇相場でリーダーになることはまずないことを発見したのである。

そしてこの調整相場のなかで、一番下値抵抗力の強い株を研究した。そうした株は新たな先導株になる可能性が一番高いと考えたのだ。また、それらの大半は最高のファンダメンタル特性を持つ株でもあった。

こうしたことが大きなきっかけとなって、テクノ・ファンダメンタル・アプローチが作り上げられた。この理論では企業利益と将来的な利益成長予測が株価上昇のカギを握り、それがファンダメンタル・アプローチの中心となった。

さらに彼は、20年後の産業や製品需要を見通そうと、その需要を満たしそうな企業に狙いを定めた。遠い先のことで、見通しを立てるのは極めて困難だったが、将来の需要がどんな銘柄や業種に最大の影響を与えそうかを見極めようと努力したのだ。

１９５７年秋、ダーバスが苦心して作り上げたシステムは、ロリラードという株に適用された。株価が17ドルから27ドルまで出来高の増大を伴いながら値上がりするのを観察したあとでその株を買った。

彼は辛抱して株を見守り、24―27のボックスを想定し、株価がそのボックスの上限を抜けて上昇しようとするときに買いに入った。24―27のボックスは、足元の動きからして、株価が24ドルから27ドルまでのレンジ内で売買されると予想されることを意味する。もしその株価が24ドル以下に下がった場合には、その株を売って別のチャンスを探し、逆に27ドルをブレイクした場合には、真のリーダーをとらえたと考え、さらに上げ続ける可能性が高いと判断した。

特に株価上昇が通常より多い出来高を伴うとき、その確信は強まった。ロリラードが値上がりするのに応じて、信用取引のレバレッジを利かして買い続けた。

また、株の方向を確かめるために、自ら「打診買い」と呼ぶ方法を使った。これは、何十年も前にリバモアが株の動きを確かめるために用いた試し玉の戦略と同じものである。さらに彼は、株価が力強く上昇し続ける株を継続的に買うため、ボックス理論を活用して増し玉の戦略を実行した。

5カ月後、このトレードは、同じ方法を用いて買っていたもうひとつの株ダイナースクラブと併せて、2万1000ドルの利益を生み出し、元手は2倍になっていた。両銘柄とも、利益の拡大を図って信用取引で行われていた。

その後、ダーバスはこの成功に味をしめ、別の3回の機会にまたロリラードを

**■表Ⅳ-1**

| | | |
|---|---|---|
| 50.75ドルで | 500株 | 25,510.95ドル |
| 51.125ドルで | 500株 | 25,698.90ドル |
| 51.75ドルで | 500株 | 26,012.20ドル |
| 52.75ドルで | 500株 | 26,513.45ドル |
| 53.625ドルで | 500株 | 26,952.05ドル |
| | | 130,687.55ドル |

買ったが、3回とも小さな損を出して失敗した。しかしこの経験から、かつて大きな利益を上げた銘柄であっても、再度同じようにうまくいくわけではないという教訓を学んだ。

過去に大きな利益を稼ぎ出してくれたからという理由で、なじみの銘柄を繰り返し手がけるのではなく、適切な特徴を持った次の株を探し続けなければならないということだ。

築き上げたシステムに対するダーバスの自信は次第に深まっていった。次に狙いをつけたのはE・L・ブルースという株で、買い付けを開始したのは1958年5月。5回に分けて500株ずつ、いずれも株価が上昇して新高値を付けたときに購入した。ストップロスは48ドルのところに置いていた。買った値段は上記のとおりである。

Ｅ・Ｌ・ブルースは劇的な値上がりを続け、6月13日には77ドルを付けた。今やダーバスは大当たりの株をつかんでいる。彼の経験と忍耐力は、反転の兆候が現れるまで、勝ち株を持続するように告げた。やがて彼は、アメリカン証券取引所がＥ・Ｌ・ブルース株の取引を停止したことを知る。あるグループが会社の支配権を握ろうとして買い占めを行っているという理由からだった。

そもそも株価が上がり始めたのはそこに原因があったのだ。だが買い付けたとき、ダーバスがそれを知っていたわけではない。自分のルールが同株の動きに注意を向けたから仕掛けただけのことだ。多くの投資家は、Ｅ・Ｌ・ブルースが上げ続けるのを見て買われ過ぎだと考えて空売りを仕掛けたが、値上がりがあまりに急で買い戻しができなくなっていた。

こうした動きから株式市場に混乱が生じ、取引所は取引を停止した。それでも売り手は買い戻しを行わざるを得ず、そのために店頭市場で1株当たり１００ドル払うのもいとわない状態だった。需要が増大するのを見ながらも、彼はけっして売ろうとはせず、さらに2週間様子を見たのち、やっと100株、200株に分けて平均価格171ドルで売却した。利益は29万5300ドルを超えていた。

ロリラードとE・L・ブルースを手がけて9カ月たった時点で、約32万5000ドルを手にしていた。彼は慎重に、資金の4分の1を引き上げて安全に保管した。利益を確定して準備資金として保管しておくという資金管理は、資本基盤を継続的に強化していく。

初めて自分の新システムを実際にテストして成功を収めたあと、ダーバスは続いてユニバーサル・コントロールとサイオコールという新たな2銘柄にそのシステムを使ってみた。相場を観察しボックス理論に基づいて適切な時期に買いに入ることで、含み益は50万ドルを超えるまでになった。しかし、このとき彼は自信過剰に陥りかけた。

前に述べたように、ウォール街の近くに引っ越し、集中力を失って注意力が散漫になった。ルールも顧みなくなった結果、まずいトレードを行って約10万ドルの損失を出したのである。

誤りを認め、パリに移って自分を取り戻したあと、アメリカに帰って自分のルールに沿ってトレードを継続した。ルールには自信を持っており、規律を守り、苦労して修得した戦略を貫けば、それにふさわしい結果が得られるはずだからだ。

ダーバスは有望な銘柄のトレードは続け、うまくいかない銘柄は損切りした。ユニバーサル・コントロールとサイオコールには依然として強気で臨んでいた。両銘柄とも値上がりを続けていたが、好調な上昇トレンドにある株を売る理由はなく、ポジションを持続していた。

こうしたトレードはすべて電報を使って行い、ブローカーと直接話をすることはなかった。ダーバスは、絶対に他人の意見が自分のトレード戦略に入り込まないようにしたのだ。

ユニバーサルは3週間で66ドルから102ドルにまで急騰した。この時点でこれ以上は急騰が続かないと考え、株価が反転し始めたのを軟化の開始と見て、86・25ドルと89・75ドルの間でポジションを全部売り切った。これは最高値からかなり下げた値段だったが、日ごろから、だれもぴったりの最安値で買い、ぴったりの最高値で売ることなどできないと知っていた。それでも利益は40万9350ドル強ほどあった。

次に大きく稼いだのはテキサス・インスツルメントである。最初は94・362ドルで買い、その後97・875ドルでさらに買い増した。次にもう一度、上げ続ける同株を101・875ドルで買った。

投資家にとって、この取引がいかに恐ろしいものか想像してほしい。ダーバスは最初に新高値で買い付け、そのあとも高くなるにつれて買い増しているのである。

一方、サイオコールのほうも相変わらず順調だった。3対1の株式分割が行われたあと、同株を手仕舞った。これまでで最高の利益というわけにはいかなかったが、それでも86万2000ドルの儲けがあった。

1959年春の時点で、株式トレードの利益は100万ドルを超えていたが、ダーバスはさらに4銘柄の試し買いを行った。いずれもファンダメンタルズとテクニカルがともに良好で、相当の期間動きを追いかけてきた株だ。

そのうち、ベックマン・インダストリーズとリットン・インダストリーズは思わしい結果が得られず、少額の損失を出して手仕舞った。ゼニス・ラジオとフェアチャイルド・カメラの2社は、さらに資金を増やして、こちらは期待どおりの結果となった。

テキサス・インスツルメント、ゼニス・ラジオ、フェアチャイルド・カメラを最終的に売却するまで、ダーバスは自分のシステムを忠実に守った。これら3社を手仕舞ったとき、ブリランドの取引を皮切りにした7年間の利益は総額で200万ドルを超えていた。

ボックス理論に基づいて、ダーバスは下落相場や弱気相場には手を出さなかった。上昇する株がなければ、自分の求めるボックスが形成されないので、手の出しようがなかったのだ。

ダーバスにとってこれは重要なルールであり規律であり、相場で絶好の買いの新チャンスが見つからないとき、様子見に徹する能力を与えてくれるものだった。

彼はまた、資金の相当な分を1銘柄に投入し、自分の判断が正しいと確信しているときには比率が50%にまでなることがあった。

例えば、最後に株を買ったときには、テキサス・インスツルメントに資金の50%を注ぎ込んでいた。彼は時間とともに成功を重ね、経験を積むにつれて、こうした戦略も好むようになったのである。

### ・現代におけるボックス理論の適用

リバモアのときと同様、２００３年の米株市場における先導株に対してダーバスの売買ルールを適用してみよう。オムニビジョン・テクノロジーは、コンピュータ、通信、電子技術応用のための半導体撮像装置の設計、開発、販売にかかわる半導体・電子技術グループの先導株である。

同社のファンダメンタルズは、ずば抜けており、２００３年1月31日に終わる四半期には、利益が９９９％伸び、収入は２０６％伸びた。前に述べたように、ナスダック市場は２００３年３月半ばに始まる新たな上昇相場の先頭に立っており、オムニビジョンもすぐにそのあとを追って上昇することになった。

図Ⅳ・１は２００３年４月から同年９月までの期間におけるオムニビジョンの日足を示したものである。株価はこの６カ月という短期間に倍以上に値上がりしている。

株価が継続的に値上がりするにつれて、ボックスが階段のようなパターンを描いている点に注目してほしい。また、ボックスはどんな株にも見られるような細かな日々の変動を取り込んでいる。しかし、最高の成果を上げる株の場合には、この種のパタ

## ■図Ⅳ-1 オムニビジョン・テクノロジー（2003年4〜9月）

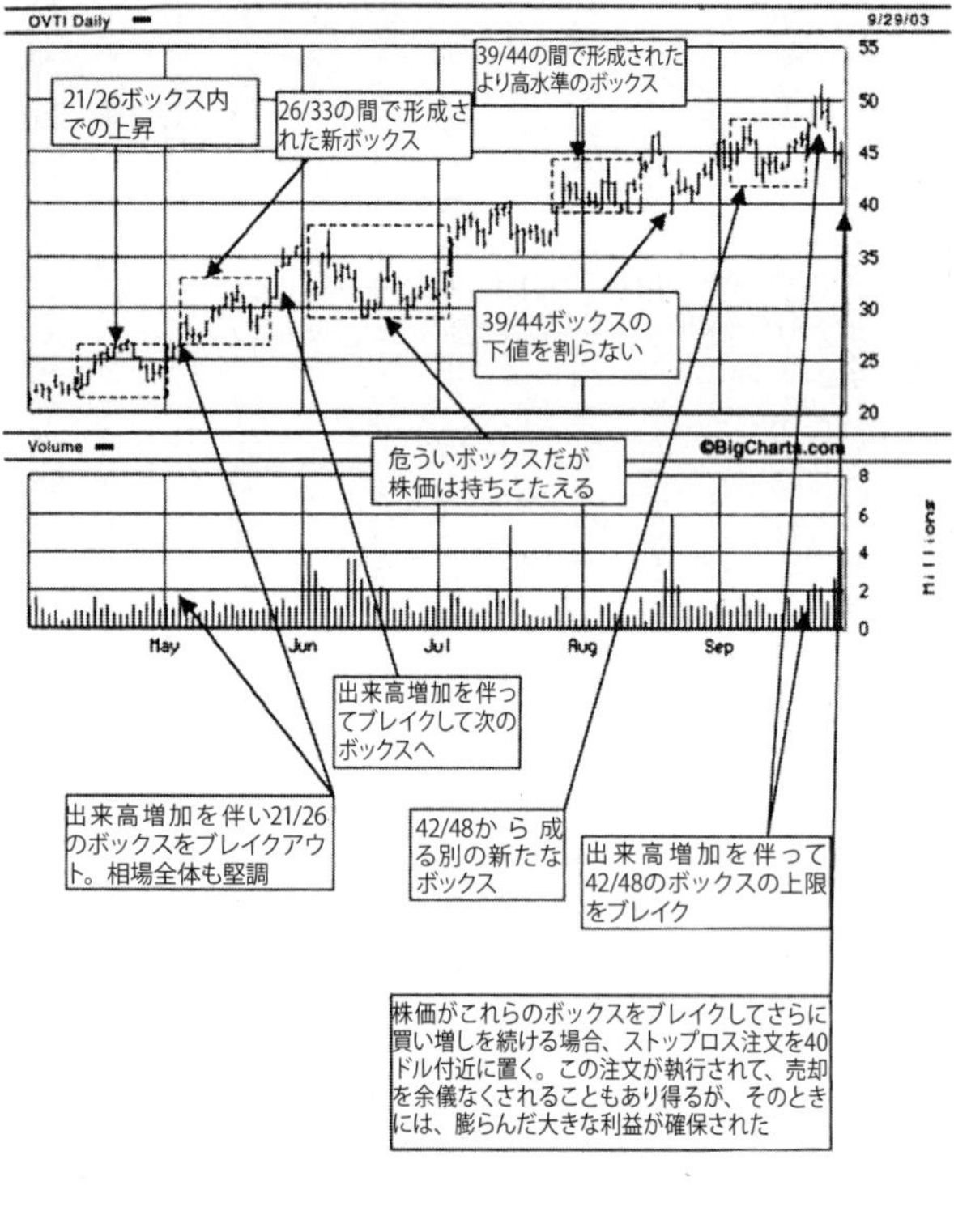


出所=www.bigcharts.com

ーンは定式化された売買ルールから外れることはまずない。

万一外れた場合には、トレイリングストップで利益を確保し、下落リスクを最小限に抑えることになる。

ニコラス・ダーバスはけっして諦めたり投げ出したりすることのない興味深い人物である。成功を目指す不屈の決意が大きなバネとなり、長年にわたって研究や理論・手法の開発を重ねた結果として、彼は最終的な成功を手中に収めたのである。

# 第5章　ウィリアム・オニール

——忍耐と勤勉さがあれば、不可能なことはない。あなたにはできるはずだし、成功するんだという自分の決意が何よりも大事なのだ。

## ■研究の虫

ウィリアム・オニールは1933年オクラホマシティに生まれテキサス州に育った。空軍に入隊し、苦労してサザン・メソジスト大学に学び、同校を卒業した。その間に株式市場への興味が生じ、大学を卒業した1958年に、ヘイドン・ストーン社に入社して株式ブローカーとなる。

入社後まもなく、オニールは、大部分の時間を費やしているセールス業務よりもリサーチ業務のほうが自分に向いていると考えるようになった。

彼のトレード経験の始まりは、ほかの大勢と似たり寄ったりだ。2～3の投資ニュースレターを定期購読し、低PER（株価収益率）の銘柄を買う。しかし結果はパッとせず、株式市場関係の本を手当たり次第に読み続けた。

株式ブローカーになって1年後の1959年、彼は、ドレイファス・ファンドがほかのどんなファンドよりもはるかに良い成績を上げていることに気づいた。ジャック・ドレイファスが運用する1500万ドル規模の比較的小さなそのファンドは、当時のほかの全ファンドと比べて2倍も良い成績を上げていたのだ。

ファンドの好成績に魅了されたオニールは、過去2年間に同ファンドが買った株をひとつ残らず調べてみようと思い立つ。そして、ファンドの目論見書とファンドが買った株が記載されている四半期リポートを取り寄せて、それらの株のチャートパターンを研究した。

そのときの発見は、株の買い方についての見方を一変させ、彼の戦略の発展につながる土台となった。

徹底的な研究によってオニールが発見したのは、同ファンドが1957年から

１９５９年にかけて買った約１００銘柄のすべてが、調整後に値固めをしたあと、まさに新高値に到達した時点で購入されているという事実だった。チャートを使いテープ解読を行っていたジャック・ドレイファスは、しっかりした値固めパターンから抜け出して新高値を付けた時点で、ファンドの全銘柄を買い付けていたのである。

この発見がきっかけとなって、オニールは先導株の株価変動に共通する特徴を調べるようになり、その結果として自分自身のルールを作り出すに至ったのである。そのシステムを完成させるまでには2～3年を要した。

同じころ（１９６０年）、彼はハーバード・ビジネス・スクールの第1回経営開発講座への参加を認められた。ハーバードにいたころ読んだ本の1冊がジェシー・リバモアの『孤高の相場師リバモア流投機術』（パンローリング）だった。彼はこの本から、間違ったときの損失を最小限に抑えて、正しいときに確実に大金を稼ぐことが自分の目標になることを学んだ。

トレードの経験と検証をとおして作り上げたルールを使って、彼は１９６２年後半から１９６４年までの18カ月間に、個人的なポートフォリオを20倍に増やすことを目指した。

オニールが最初に株式トレードを手がけたときの資金はわずか500ドル。それが全財産だった。本書に登場するトレーダーの全員がそうであったように、最初の投資資金は限られていても、適切な規律とルールを守りさえすれば、資金を次第に大きく増やしていくことが可能だということがここでも証明されている。

彼が作り上げつつあったルールは「CAN－SLIM法」として知られるものだが、その説明は本章の後半で行う。これを用いて最初に買った株はユニバーサル・マッチで、1960年2月のことだった。同株は16週で株価が倍になったが、彼は売りを急ぎすぎ、しかも当時は、投資資金が少なかったことも大きく影響して、このトレードでの利益は限られたものでしかなかった。

その後、同じルールに従って買ったのは、プロクター・アンド・ギャンブル、レイノルズ・タバコ、MGMなど。これらの銘柄も皆好調な動きを示したが、やはり資金の制約のせいで儲けも少なかった。

先のリバモアの著書に習って、オニールは増し玉つまり株が上げ続けるときに買い足していく方法をとるようになる。新ルールを学んだおかげで適切な時期に適切な銘柄を仕掛けられるようになり、この戦略は儲けを増やすことにつながった。その結果、トレードの利益は膨らみ始めた。

1961年の上半期のことだが、仕掛けたグレート・ウエスタン・フィナンシャル、ブランズウィック、カーマギー、クラウン・コーク・アンド・シール、AMF、サーティン・ティードなどが順調に値上がりしていた。ところが、同年夏になって相場が下落に転じると、すべての儲けが吹き飛んでしまった。

仕掛けは正しかった。しかし、相場の方向が変わったあとも長く持ちすぎたのだ。

このときから年末まで、彼はその年に行った取引をひとつ残らず分析した。この分析は最終的に彼を正しい道に導くことになる。繰り返し述べているように、本書に登場した5人全員が、この「自己分析力」を長所として備えている。

その分析の過程でオニールが気づいたのは、サーティン・ティードが最初のベースから下げたときに20ドル台前半で買ったのは正しかったが、売りを急いだために2～3ポイントの利益で振り落とされてしまったという点だった。

こうしたせっかちな動き（これと似ているのは前述のようにダーバスが「利食い千人力」という古くからの戦略をとったことだ）は結局、巨額の機会損失になってしまう。この例で言えば、サーティン・ティードの株価はその後3倍に値上がりしている。

株はそれぞれのピボットポイント（転換点）にできるだけ近いところで買い、株価がそのポイントを5％以上超えて値上がりしたら増し玉はしない。ピボットポイントを超えて当初の買い値の2・5～3％まで値上がりしたところで買い増しを行う。これが、オニールの結論だった。

彼にとってこの動きは、自分が正しいことを示すもので、株価はさらに上げ続ける可能性があった。そこで、買った株が20～25％値上がりしたら売却するが、値上がりが急激な場合には、その動きが明確な売りのシグナルを示さないかぎり、さらに長く保有してみる、という方針もとった。

このように忍耐強く時間的な推移を見守ることで（最大の利益が一晩で転がり込んでくることもなく、成功に至る道は学びの過程である）、この先長年にわたって彼は大きな利益を手にすることになる。

オニールの発見によれば、好調な成長株はたいてい20～25％値上がりしたあと押しが入り、新たなベースを築いてまた上昇を再開する。ただし、ピボットポイントを超えて急騰し、最初の3カ月内に20％の値上がりを示すようなときは、まさに最高の上昇株になる傾向があり、少なくとも8週間は保有しなければならない。そして、その時点で再評価を行い、場合によってはさらに長期的に保有する。

そこで、持ち株が20％値上がりしたら利益を確定し（非常に短期間で20％値上がりする最強の株は除く）、買い値を8％下回ったら迅速に損切りを実行することにした。また、買い値の3％内で追加的な買い付けを続けるかぎり、増し玉が有効であると考えた。そうすれば、最強の株に資金を移すことができる。

一方で、かつて1961年に利益が全部吹き飛んだとき、先導株が天井を打つ（上昇が止まる）動きを見せるのは、市場全体が10％以上下落したときであると学んだ。天井を示唆する最も確かなシグナルだった。その時点から、彼は市場全体の動きの研究と注目を開始した。

その研究によって、市場全体の動向がどのように個別株に影響するかを学んだ。3

カ月後、彼は自らのルールに基づいて持ち株全部を売却した。それは、それらの株と相場全体の動きに忠実に従った結果だった。相場が大きく下落しようとしていた1962年春の時点では、持ち株は全部キャッシュに変えていた（1987年のブラックマンデーの前にも同じルールに従ってすべてキャッシュ化している）。

エドウィン・ルフェーブルの『欲望と幻想の市場』（東洋経済新報社）を読んだオニールは、1907年の相場と1962年時点での市況が似ていることに気づいた。そこで、サーティン・ティードの空売りを仕掛けた。ところが、サーティン・ティードはそのときヘイドン・ストーン社の買い推奨銘柄のひとつだった。まだ社員だったオニールは、その空売りのせいで会社から叱責をくらう。しかし、1962年後半のコルベットの空売りも併せて、相当額の利益を得た。

1962年10月にはキューバミサイル危機が終息してダウ平均は上昇に転じ、その後古典的な値固めの動きを示したあと、上昇を開始した。オニールはクライスラーを58ドルで買ったが、それは底離れする相場のなかで同株が最初に先導役を務めた銘柄のひとつだったからである。

1963年の好調相場をとおして、彼はルールを忠実に実行して並はずれた成績を収めた。手がけた多くの銘柄で数百%の利益を手にしながら、損失は5～6%にとどめている。最大級の利益を上げたのはシンテックスで、1963年6月に100ドルで買った同株は、8週間で40%も値上がりしたが、売ることなく持続し、6カ月の間、同株を保有し続けた。

オニールは比較的短期間で成功を手に入れたといってよい。だが、必ずしもそれは簡単にいったわけではない。自分のプランと戦略をまとめ上げるために長い夜を過ごしたことも幾度となくあった。また、自分の過ちを徹底的に分析してそれを直そうとする意欲や、過ちを繰り返さないための規律も確立したうえでのことだ。

1962年と1963年の大成功は、3つの素晴らしいトレードによって成し遂げられた。資金のレバレッジを利かすために借入金と信用取引を用いたこともあって、投入資金はどんどんと膨らみ、最初の5000ドルが20万ドルにまでなった。

3つのトレードとは、コルベットの空売り、クライスラーの買い、シンテックスの買いである。そうした成功によって、オニールはニューヨーク証券取引所の会員権を購入した最も若い（30歳）人物の一人となった。ヘイドン・ストーン社を辞めて自立したのもこのころで、広範囲にわたる株式リサーチを本格的に開始し、米国最初の株式日次データベースの構築に着手したのもこの時期だった。

### ・最先端のリサーチ

オニールは、カリフォルニア州で自身の会社、ウィリアム・オニール社を立ち上げた。同社は機関投資家のために有価証券のリサーチを行うことを目的としており、業界初の包括的な株式データベースを構築した。

現在では、米国でもトップクラスの評判を持つ有価証券リサーチ会社と成長を遂げ、６００社以上の主要機関投資家を顧客に持ち、1万を超える多様な上場銘柄について３０００以上のテクニカル・ファンダメンタルのデータ項目を追跡している。また９６００を超える投資信託に関するデータもカバーする。

当初ウィリアム・オニール社が提供した商品の中にオニール・データベース・データ集が含まれていたが、現在、各データ集には各々の銘柄について98種のファンダメンタルズ項目と27種のテクニカル項目が掲載されている。これらは今も健在であるが、その大部分はＷＯＮＤＡ（ウィリアム・オニール・ダイレクト・アクセス）に取って代わられつつある。このサービスは、ウエブ上でオニール・データベースへの直接アクセスを提供するものだ。

ＷＯＮＤＡはもともとオニール社内の資金運用者のために構築されたものだが、今では顧客の機関投資家も利用できる。オニールが所有する会社にはほかにデイリー・グラフ社があるが、同社はチャート集を出版すると同時に、個人投資家のためにウエブベースのチャートサービスを提供している。

オニールは、特定の銘柄がほかよりも大きく値上がりする原因について徹底的な研究を続けてきた。その結果、最高の株は目覚ましい上昇を見せる前に、一定の共通の特徴を示すことを発見したのだ。１９５３年から始めたその研究からの成果は『ザ・モデル・ブック・オブ・グレーテスト・ストック・マーケット・ウィナーズ（最高の勝ち銘柄のモデルブック）』という本に集大成されている。

同書では過去50年において最高級のパフォーマンスを上げた６００以上の銘柄が取

り上げられている。こうした過去のデータ研究が、彼の投資戦略の基盤をなしている。

　オニールが一般大衆に一番よく知られているのは、恐らくインベスターズ・ビジネス・デイリー社（ＩＢＤ）の創設者兼会長としてである。ＩＢＤは急成長中の画期的なビジネス紙の発行会社で、ほとんど毎年のように読者を増やし、ウォール・ストリート・ジャーナル紙から市場シェアを奪いつつある。

　彼が１９８４年春にわずか１万５０００人の定期購読者を対象にＩＢＤを設立したのは、大衆に一層役立つ投資情報を提供するための有効な手段としてだった。いままでは、ＩＢＤの推定読者数は80万人を超えているが、本紙は長年にわたって赤字が続いた。その間オニールは、自身のトレードで得た利益で補填したのである。

　ＩＢＤは当初、読者層にＣＥＯ（最高経営責任者）を想定していたが、蓋を開けてみると、むしろあらゆるレベルの個人投資家にとって有益な商品となった。数多くの独自のレーティングや図表を提供するＩＢＤは、個人投資家にとって、偏りのない市場情報を得て、リサーチを行うための信頼できる手段となったのである。

　ＩＢＤの基盤をなすのは事実に基づくリサーチで、それはオニールが行った成功をもたらす株式モデルの研究にさかのぼる。ＩＢＤでは新規のアイデアについて、たいてい最大1年もの時間をかけて基礎的な検証を行ったうえで、一般読者に提供する。実際のところＩＢＤはコンピュータのプリントアウトであるが、市場全体にとっては株価評価の手段になる。また、広範なリサーチや分析、独自レーティングを備えているため、スクリーニングの手段ともなるのだ。

オニールが公表している株式トレードのなかでも最大級の成果を上げたトレードは、長年にわたって作り上げた投資ルールを使い、ＩＢＤの創刊の基となったリサーチを生かしたものだった。

１９７６年後半に買い付けたピックンセーブは、７年半の保有で株価は20倍になった。１９８２年の弱気相場が底を打ったときに買ったプライス・カンパニーは3年間で10倍。１９９８年10月の弱気相場の底ではアメリカ・オンライン（ＡＯＬ）とチャールズ・シュワブを買い付けたが、これらは買いのピボットポイントから最終的にポジションを閉じるまでの間に、それぞれ４５６％、３１３％値上がりした。

１９９０年と１９９１年には、何日にもわたって分散してアムジェンを買った。追加的な買い付けを行ったのは、前回の買いに大きく利が乗ったときだ。株価が平均買いコストを20ポイント以上も上回り、適切なベースの上に新たなピボットポイントが形成された時点で買い増しを行った。これは、非常に熟練した投資家だけが試みることのできる洗練された増し玉戦略といってよい。

１９８０年代には、オニールの個人的な株式投資の口座は、年平均40％以上の増加となった。また１９９８年には４０１％、１９９９年には３２２％の利益を実現した。

この期間に最大級の成果を上げた銘柄としては、ＡＯＬ、チャールズ・シュワブ、クアルコム、サン・マイクロシステムズなど（本章の最後にチャートを示した）がある。これは全体の中で2番目の好成績を上げた期間で、１９６０年代初めの最初の大成功だけがそれを陵駕していた。

オニールは、１９８２年初めに、株式相場は底に到達しており、防衛電子産業と一部の個人消費関連の成長株に投資すべきだ、とする一面広告をウォール・ストリート・ジャーナルに掲載したことでも有名である。その年、彼の会社の資金運用者は限度いっぱいまで信用取引の枠を使って買い付けを開始し、空前の成績を収めることになった。1978年から1991年までの間に、会社の運用口座は20倍に膨らみ、また1998年から2000年にかけては1500％の増加を示している。

オニールが自分の売買ルールとして考案した方法は、「CAN－SLIM投資リサーチツール」という。CAN－SLIMとは、1953年以降の、すべてのトップクラス銘柄に共通する、ある特徴の頭文字を組み合わせて作られた造語である。

この方法は、どれほどの成果を上げたのだろうか。

ビッド・ライアンとリー・フリーストーン（独立の個人投資家）は80年代と90年代にCAN－SLIMを活用して、現実資金を使った全国投資コンテストで両者とも優勝している。それ以外にも何万もの成功物語が確認されており、熱心なIBDの読者が、特に1990年後半の大強気相場も含めて、何年もの間、CAN－SLIM法を使って大きな利益を上げ続けているのである。

オニールは最初の著書『オニールの成長株発掘法』（パンローリング）を1988年に出版した。この本は同年、投資関係書籍のベストセラーとなり、その後100万部を大きく超える売れ行きを示した。その第3版が2002年に出版されている（第

4版は2009年に出版）。2000年には『1銘柄投資のサクセス法』（中央経済社）を上梓したが、これもベストセラーになった。2003年には3冊目となる『オニールの相場師養成講座』（パンローリング）が出版された。

これらの著作はCAN－SLIM法の正しい戦略を非常に詳しく説明しており、読者にはその全部を少なくとも数回読むことを強く勧めたい。

またオニールは、主要都市を選んで年数回、主に売り切れで本が買えなかった人のために上級投資ワークショップを開催しており、個人投資家にとって彼の戦略を直接自分の目と耳で確かめる良い機会となっている。

## ■CAN－SLIM戦略

### ・必須のスキルは最初に修得される

さまざまのインタビューでウィリアム・オニールを表す特性としてよく使われるのは、尽きることのないエネルギーと勤勉を重んじる倫理である。

細かな特徴と相場全体の研究に長い時間をかけることは、他の4人にとっても重要な特質であり不可欠なスキルだ。成功したいと思うのなら――特にトップクラスにまでなろうと思うのならば――、勤勉以外に道はないのだ。株式相場もその例外ではない。株式相場という特異な環境のなかで利益を上げるためには努力を重ねるしかない、とオニールは確信している。

相場を完全に理解してその領域に参入していくためには、時間と研究、精励と忍耐が必要だと彼は信じていた。若いころは、相場の実際の仕組みが分かったと感じるまで、何日も何日も夜遅くまでチャートの研究を行った。そうした研究をとおして初めて、事実に基づいた自分のルールの構築に着手することが可能となったのである。

彼のルールは、**リターンをできるかぎり拡大することに努めると同時に、リスクを可能なかぎり低くする**ことを基本としていた。こうした高レベルの目標は、前述の大トレーダーたちにも見られたものである。

最終的にそれらの目標の実現をもたらすものは、最高レベルにまで到達したいと願い、野心的な目標を掲げることだ。そして、多くの投資家が、彼のＣＡＮ－ＳＬＩＭを使うことで著しい利益を得ている。

オニールのシステムは、ファンダメンタル分析とテクニカル分析を両方とも使用している。多くの投資家はどちらか一方の分析にだけ偏っているが、彼の方法は、自分の選択幅を狭めることなく、実際に相場が機能する内容と仕組みについての事実をとらえようとする。

もし相場を徹底的に研究して、過去50年間に最高の成績を上げたいくつかの株が、ファンダメンタルズとテクニカルな株価変動の両面で共通の特徴を持つということが分かったならば、どうしてその仕組みに逆らう必要があろうか。

20世紀に入ったころ、ジェシー・リバモアは次のように語っていた。「実のところ株式相場はけっして大きく変わることがない。以前起きたことが繰り返し起きるだけのことだ」。オニールは詳細な研究によって、繰り返し表れる株価パターンを明らかにした。そのことは、リバモアの格言が正しいことを改めて証明している。

そこには、他人の個人的な意見や秘密情報に頼ることなく、客観的な事実と歴史を見つめる能力が求められる。そうしたスキルは、将来の大トレーダーを目指す者が皆どうしても身につけなければならないものだ。

また彼は、相場で何回かひどい目にあって、ある程度のお金を失うのは良いことだと考える。そうした損失はウォール街に納めるべき授業料であり、トレーダーは失敗から学ぶことによって、自分のスキルを磨くことができるからだ。さらにその損失は、自分の感情を試す試金石となり、しっかりした売買ルールを確立することで株式投資に伴う感情をコントロールすることがいかに大切かを示してくれる。

彼によれば、最高の投資家とは、尊大な自尊心を持たず、きっぱりと決断できる人物である。相場での成功はほとんどの場合、知性と関係ない。謙虚さと常識のバランスがとれていればそれで十分なのだ。

オニールが自著のなかで何回となく触れていることだが、個人的な知り合いのなかに、仕事で成功し知性も十分備えているにもかかわらず、相場で手ひどく損をしたトレーダーが大勢いるという。彼らは自分が相場よりも賢いと考えるか、しっかりした売買ルールに従わないか、あるいはその両方だった。

自尊心が高く正直になれない人にとって、相場は非常に危険な場所である。相場で成功するためには、取引開始と同時に自尊心を捨て去ることが必要なのだ。

オニールはどんな場合でも、単純で基本的な手順に従うのがよいと考えていた。世の中にはテクニカルな指標が掃いて捨てるほどあるが、良好なファンダメンタルズを持つ優良株の純粋な出来高と株価に着目することほど、成功をもたらすものはほかにない。本書で取り上げた大トレーダーは皆、株式トレードの最大の注目点として出来高と株価を重視しており、そうした方法の有効性を証明している。

彼はまた集中と絞り込みが大事だと考えていた。一般に使われる多種多様な指標に従うのではなく、相場の需要性を示す、実績ある指標だけを集中的に用いるのである。そうした指標には、相場全体のトレンド、先導株、日々の出来高と株価に基づくそれらの動向が含まれていた。

株式トレードで長期的な成功を勝ち取るのに、運が入る余地はない。自分の能力を向上させる勤勉さと忍耐と試行錯誤が必要なのだ。

彼の発見によれば、買った株のうちで本当に素晴らしい動きを見せ、巨額の利益を生み出してくれるのは、10のうちひとつか2つしかない。自分の思考が集中力を失ったら損切りをしなくてはならず、常に論理的に考えられるようにしておく。自分のルールを守っていれば、経験を積むにつれて成績もスキルも向上していくはずである。

## ・規律と事実

オニールは積極的な考え方をとると同時に厳格な規律を守った。相場で長い間、実際に機能してきた事実と、現実に忠実に従った規律は、見事に成功へとつながった。彼は米国企業の成長機会について、たいていは強気で非常に楽観的な見方をしていた。それは、この偉大な国が起業家精神に富み、成功の実績を持っているからだ。相場は過去何年にもわたって、全体的な上昇トレンドを描いた。

彼は、強気相場では全資金を投入した状態を保ち、弱気相場ではほとんどの場合、様子見に徹するアプローチをとることを心がけた。1989年の時点で彼が述べているることだが、主要な弱気相場が9回あったうち、相当な利益を上げたのは2回しかない。また、全トレードのなかで利益を得たのは、全体の約66％だと推測している。

偉大な先人たちと同様に、オニールも自分の全トレードについて事後分析を行っている。毎年年末になると、買った銘柄の正確な価格を調べて一つひとつのチャート上に印を付け、売った正確な価格についても同様にした。

その後、恐らくこれが一番大事なことだが、各銘柄について売買の理由を書き留めた。それらの記録を使い、自分が犯した失敗と勝ち銘柄で儲けた理由を分析して教訓としたのである。また、株を買ったときには、実際に売る前に、自分が売ろうと考える将来的な価格を書き留めておくのがよいとしていた。

彼のルールでは、買い値の7～8％下の価格が損切りの目安だった。最高の上昇を示す株については、買い付け時点のＰＥＲが１３０％にまで上昇した高値で売ることを目指した。相場が比較的弱いときには、20％の利益を目標としたが、大幅値上がり後に売るときの目安としては、ＰＥＲの上昇率を用いた。これは買いの目安として低ＰＥＲを用いることと対をなしている（ロープのＰＥＲの使い方と類似している）。

このように彼は方針を書き留めたうえで実行するという規律を守った。それによって、過去の判断を厳しく分析することで学習し、相場で困難な目にあったり健全な売買ルールから逸脱したりするのも避けることができたのだ。

オニールは企業の内容を知ることが極めて重要だと考え、買い付けの判断にあたってはファンダメンタル分析を活用した。そこで着目した要素のひとつに、最高成績の株の会社は、たいていなんらかの新製品や新サービスを提供していることがある。

最高の株の会社は、ほかの会社や消費者のためにまさに新たな道を切り開くものであり、その結果として自らの製品やサービスへの需要が喚起・拡大され、それが利益の流入の増加へとつながる。これまでも、新たな市場サイクルが到来するたびに、新規のアイデアや提供品を持つ新たな企業が出現しており、そうした事実の正しさが繰り返し証明されている。

ファンダメンタルズの研究によって、買い付け対象となる最高の株を探し出したあと、テクニカルな手がかりを使って実際にどの時点で買いに入るかを見つけだす。またファンダメンタルズが売りを指示するずっと前に、テクニカルな手がかりによって持ち株の問題点を発見しようとする。彼は、正しいチャート分析が大変重要で、正しく行えばタイミングを測る手助けとなり利益に結びつくということを自ら立証した。

そうした立証は長年にわたって行われており、とりわけ明瞭な事例は2000年に始まる弱気相場である。この相場では、格付けが高くファンダメンタルズも良好な好調株が、金融関係者がその弱さを指摘したり、不利なニュースが発表されたりするずっと前から下落し始めていた。最も極端な例はエンロンやワールドコムだろう。

そうしたことが起きるのも、相場は必ずニュースを織り込み、先を見越すからだ（たいてい最大6カ月先まで）。

ニュースに基づいてトレードするのは絶対に避けるべきで、トレードはその時点で相場が示す事実に基づかなければならない。そのためには並はずれた自己規律が必要であり、特に今日の相場環境ではそうだ。というのも、多種多様な情報源から発せられる錯綜した相場のニュースや見解が、前よりも増えているからである。

現在は、いろいろなテクニカル指標や市場指標を利用できるようになったが、反面、重要性の低いものにとらわれないように注意しなければならない。

例えば、心理的なテクニカル指標は、相場全体や先導株の株価変動を補う副次的な指標としてのみ使用すべきである。比較的価値の高い副次的な指標をいくつか挙げれば、プット・コール・レシオ、投資ニュースレター執筆者の強気・弱気の度合いを示す投資顧問の強気・弱気統計などがある。

信頼性の低い指標の全部に注意を払う必要などない。なすべきことは、相場それ自体と先導株の動きを見れば決定できるからだ。

税金に関して言えば、ローブやダーバスと同様に、彼もトレードを考えるときの副次的な要素にすぎないとみなしていた。何よりもまず、しっかりしたルールと規律を用いてできるだけ高いリターンを上げるように努めるべきで、税金の問題によってルールを変えることは許されない。

第1の目標は利益、しかもできるだけ大きな利益を上げることにあり、副次的な問題として税金のことを考えるのは、その先のことだ。

本書のほかの大トレーダーと同じように、彼もまた分散化が重要だとは考えなかった。むしろ、常に最高の銘柄への絞り込みを行い、それを注意深く見守るようにした。

もっとも、資金配分については、その重要性を認めていた。例えば、投資資金として10万ドルあった場合には、5～6銘柄だけに絞って投入すれば十分だが、その銘柄全部を一度に買うのはよくないし、資金は各銘柄にほぼ同等に配分すべきである。

ただし、集中と絞り込みが最高の利益につながる。買い付けを行ったあとで、最弱の株をはずして、得た資金を、最強の株を調べてそれに配分してもかまわない。これは、ローブが一定の時点で成績の下位10％を取り除いて自分のポートフォリオを調整した戦略と類似している。

こうした規律を実行することで、集中度を高めたり、自分の株が示す日々の価格変動に従って、買い増しや、一部または全部の売却や、ポジション持続の手がかりを求めたりすることが可能となるのだ。

オニールは、毎日相場を綿密に評価するという規律を守ることが大事だと考えている。というのも、相場全体が前触れもなく急速に反転することがあり得るからだ。彼が述べているように、弱気相場は往々にして景気がまだ下降トレンドにあるうちに終了し、強気相場では往々にして不況に陥る前――特に不況だと公式に宣言される前に――景況感が低下ないし悪化し始める。

これらから分かるように、相場では先読みが必要であり、その兆候をとらえるために日々の研究を怠らないようにする規律を身につけなければならないのである。

多様なサイクルのなかで、相場がどのように動くか理解することも非常に大事だ。

弱気相場では、1日が強く始まって弱く終わるのが普通であり、強気相場では、1日が弱く始まっても強く終わることが多い。

成長株は、企業収益がまだ堅調で大半のアナリストが有望な予測を立てているうちに天井を付けることがよくある。余計なものを無視しながらも、事実から外れることなく客観的な目で相場の厳密な動きをとらえるためには、鋭い観察力と能力が欠かせない。

オニールは損切りをするとき、逆指値注文ではなく成行注文を好む。逆指値注文は自分の手の内をマーケットメーカーに明かすことになり、彼らが株価を押し下げて逆指値注文を狙い打ちすることを許しかねないからだ。

ただし、毎日相場を見ることができない場合（ダーバスのように）には、逆指値注文にも一定の利点がある。相場の不利な動きに対する防御になるのだ。また逆指値注文は、成行注文を使った自動的な損切り戦略をどうしても厳密に実行できない人には、売りの規律をしっかり守る手段となり得る。

規律を守って毎日相場の研究を行うときに大事なのは、過去のパターンを理解することだ。相場が天井を打ってそれ以上高値に進めなくなると、先導株も天井を打ち始め、堅固なベースが新たに形成されることもなくなるため、どうしても適切な買いの新候補が見つけだせなくなる。相場の底の見極めについていえば、市場平均が前日より高く引けたときが上昇の試みの開始となる。ただし上昇は、その後に確認されることによって初めて「フォロースルーデイ」になる。

フォロースルーデイというのは、主要な市場平均が著しい出来高増を伴って1・7～2％以上に値上がりする日である。最も好ましいのは、それが4～7日目の間に生じることである。時には確認が10～20日目までの間に起きることもある。

フォロースルーデイが続けば、しっかりしたベースに基づいてブレイクアウトしそうな魅力ある先導株の選定と買いを自信を持って行ってよい。どんな新しい強気相場も必ずフォロースルーデイによる確認があってから進行を開始する。

ただし、だからといってその相場でだれもが成功するというわけではない。最高のチャンスは通常、新しい強気相場が始まって2年以内にやってくるので、常に相場の観察を怠らないようにしなければならない。

オニールは、自分でリサーチを行い、自分で投資判断を下すことの重要性を強く説く。彼の戦略全体とＩＢＤの刊行はそうした前提に基づいたものである。

アナリストの推奨が当たることなど、めったにない。彼らの個人的な意見や推奨に頼りきるのではなく、過去の事実だけを用いて自らリサーチや研究を行い、自分自身の結論を出さなければならないのだ。

リバモアとローブ（それにジャック・ドレイファス）はプロのテープ解読者だったが、オニールは、テープ解読は難しく、感情的になってしまう可能性があると考えている。それは、休まず見ていると株の動きに「巻き込まれてしまう」恐れが大きいからだ。

正しくテープを解読するには、客観的にテープを見るのと同時に、相場の現在の動きと方向性についての感覚を備えていることが不可欠だ。リバモアやローブのような熟練したテープ解読者は、どの株が下落から立ち直って新たな先導株になり得るかを判断できた。だが個人投資家でも、オニールの著作を読み真剣に取り組めば、１日中休まずテープを見なくても、そうしたチャンスに気づくことが可能になるだろう。

## ・完全無欠のルール

オニールの戦略を細部まで完全に理解するためには、既出の『オニールの成長株発掘法』『1銘柄投資のサクセス法』『オニールの相場師養成講座』といった著作を読むことを強く勧める。また、学習センターを備えている彼のウエブサイト（http://www.investors.com/）を訪ねるのもよい。本章では、彼の手法の要点だけをまとめて解説する。

投資リサーチツールであるCAN－SLIMの説明を始める前に、オニールの最も重要な売買ルールである損切り戦略について理解しておこう。

彼は、株価が買い付け価格を7～8％下回ったら、どんな場合でも損切りをするように勧めている。これは、損失がさらに拡大するのを防ぐ保険手段となる。

損切りを7～8％レベルに設定するのは、チャートを正しく使って相場のタイミングを測れば、損失を適度なレベルに抑えられるはずだからだ。経験をさらに積めば、もっと早めに損切りができるようになるだろう。

投資家が、損失についてどう考えるかは決定的な重要事項である。というのも、少額の損失を受け入れたり、自分が行った最初の買いの判断が間違いだったと認められないために、大多数の投資家が相場でお金を失っているからだ。

損切りのルールは、株式トレードで一番難しいこと、つまり売買するときに感情的な部分を取り除くための基盤となる。損切りのルールに従うことで、厳格に定められたルールを守らざるを得なくなり、やがてそのプロセスが自動化されていく。投資家心理において、感情は非常に強力に作用するために、厳格なルールを作り上げて忠実にそれを実行するように心がけなければならないのだ。

オニールが述べているように、値上がりしなければ、どんな株も悪い株であり良い株ではない。これは本書に登場するほかの大トレーダーとよく似た考え方だ。

ここでもやはり一番重要なことは、自分の資金を守る損切りのルールだと見て取れる。恐らく、2000年3月に始まった弱気相場以上に、このことをはっきりと示す例はない。オニールとIBDのこの基本ルールに従わなかった人は、その数年の間にひどい損失を出したはずである。

オニールはほぼ半世紀間、相場が実際にどのように動いたか歴史的なリサーチを行った。そこから最高成績を上げる株が、素晴らしい価格上昇を示す直前にどんな特性を持っているかのモデルを作り上げたのだ。

時間の検証を経たそうした研究を行うことで、彼は他人の意見やさまざまの専門家の見解に耳を貸さないですむようになった。彼のルールは実際に相場が機能する仕組みに基づいている。外部からの影響や悲観論者に邪魔されることなく、その効果的なルールにのみ従えばよい。

さて、CAN－SLIM法は、約60％がファンダメンタル分析、40％がテクニカル分析で構成されている。ファンダメンタルズについて徹底的に分析するのは、投資すべき最高の銘柄を発見するためで、テクニカル分析を使用するのは個別株を売買する最適のタイミングを測るためである。

このトレード戦略は、1953年以降最高の成績を上げた銘柄に関する徹底的なリサーチを基にしたものである。CAN－SLIMの7文字は、それぞれ将来大きく値上がりする最高の株の重要な特性を表している。7つの特性について紹介しよう。

**・C――現四半期の１株当たり利益**（Current Quarterly Earnings Per Share）

このファンダメンタルズの特性は、最高の勝ち株の一番大事な特徴として突出したものである。ＣＡＮ－ＳＬＩＭ法ではまさに最高の株だけを選び出すことが重視される。オニールは株価押し上げ要因として会社の利益業績を非常に重んじるため、四半期収益が25％以上伸びることを条件として求める。

１９５３年以降、最高の実績を上げた６００銘柄のうち、75％は大幅な値上がりが始まる前の四半期に70％以上の収益の伸びを示した。残りの25％の銘柄は、値上がりしたその四半期に90％の増益となった。

また、企業の製品・サービスに対する需要の強さを表すファンダメンタルズ特性である売上高が、上記の最高銘柄では25％以上の増収となっていた。

さらに、売上高と収益の成長率が加速することもまた非常に重要である。加速が大きければ大きいほど望ましい。

オニールの研究は、株式のパフォーマンスにとって収益性が重要な役割を果たすことを明らかにしたが、これは先人たちの多くが確信していたことでもある。彼の発見によれば、最高の勝ち株の75％は、大きく値上がりする前の3年間でＥＰＳ（1株当たり利益）が30％以上増加した「成長株」だった。

成長株というのは、売り上げと収益が平均年率で20％以上伸びる会社の株と定義される。成長株は往々にしてほかの大半の銘柄よりもＰＥＲが高く、また最高の成長株はＲＯＥ（株主資本利益率）が通常17％以上となっている。１９９０年代に最高の成績を上げた銘柄は、大幅値上がり前のＰＥＲが31倍だった。そのＰＥＲが値上がりとともに70倍台へと上昇している。

低ＰＥＲの銘柄に闇雲にこだわる投資家は、どうしても最高の勝ち株を見逃しがちである。というのも、彼らバリュー投資家は、買うべきタイミングにある株を、ＰＥＲが高すぎるとして見送ってしまうからだ。

収益と売り上げの伸びは、長期にわたって最高のリターンを得ることを可能にしてきた重要なファンダメンタルズ特性である。これは事実であり、株式相場のどのサイクルにおいても繰り返し生じたことである。プロのトレーダーは、好調な収益と将来の増益見通しを主な根拠のひとつとして、一定の銘柄について高値での買い注文を出しているのである。

・**A――年間収益の伸び**（Annual Earnings Increases）

過去3年にわたって、年間収益が25％以上の伸びを示していることが求められる。IBDのEPSレーティングは、直近の2四半期における収益の伸び率と、3年間の年次伸び率を組み合わせたものである。

そして、その他すべての上場企業と比較する。低調な株を取り除くためには80以上のレーティング（スケール全体は1～99の範囲）を持つことを条件にするのがよい。最高の銘柄は通常90～99のレーティングになっている。

・**N――新製品、新経営陣、新高値**（New Products, New Management, New Highs）

新製品と新サービスは株のパフォーマンスに影響を与える。また、しっかりしたチャート上のベースパターンから抜け出して新高値を付けた銘柄を買うべきである。

多くの人にとって高すぎると思われる値段で買い、その後相当に値上がりして最終的にだれの目にも〝魅力的〟と映る値段になった時点で売るのがよい。

そのほか、経営陣であれ、新製品であれ、会社製品の需要を喚起するために導入された新サービスであれ、なにか新しいものがある株がよい。

**・S――需要と供給**(Supply and Demand:Small Capitalization Plus Big Volume Demand)
企業の発行済み株式数を知っておく必要があり、株価が新高値を付けるとき、出来高が増加することが望ましい。出来高増加はその株に対する強力な需要のあることを意味する。

小型株は値上がりしやすい反面、値下がりも速いので、しっかりした損切りルールを備えている必要がある。また、大幅な株式分割も望ましい。大半の株は2回目か3回目の分割で天井を付けることが見込まれるからである。

企業の自社株買いも、経営陣が株価に自信を持っている表れのため好材料となる。

株主資本負債比率の低いことは、時には望ましい。株価上昇日に出来高増となることと、株価下落日に出来高減となることも良いとされる。

■表Ⅳ.1

| | |
|---|---|
| シンテックス | 1963年 |
| ピックンセーブ | 1976～1983年 |
| プリンス・カンパニー | 1982～1985年 |
| フランクリン・リソーシズ | 1985～1986年 |
| ジェネテック | 1986～1987年 |
| アムジェン | 1990～1991年 |
| AOL | 1998～1999年 |
| チャールズ・シュワブ | 1998～1999年 |
| サン・マイクロシステムズ | 1998～1999年 |
| クアルコム | 1999年 |

発行済み株式数が2500万株以下の株が最高成績を上げることもある。よって、必ずしも大型株だけに投資対象を限定する必要はない。小型株で最高の値上がり益を得ることもよくあり、中型株で有望なものも多い。

・**L――先導株か低迷株か**（Leader or Laggard）

最高の業種グループの中の最強の先導株を買うのがよい。オニールの最高の勝ち株（長期保有のもの）の一部を挙げれば、上記のとおりである。

先導株とは、最良の収益とROEと株価の動きを備えた、そのグループ中の最高銘柄である。ある銘柄が先導株かどうかを知る方法として「レラティブストレングス・レーティング」がある。

レラティブストレングス・レーティングとは、過去52週における相場全体に対する株価の成績を示すものである。最強銘柄が大幅に値上がりする前の平均値は87（スケールの範囲は1～99）だった。

成長株には市場平均の1・5～2・5倍の価格調整が生じることがある。しかし、最高銘柄は普通値下がり幅が最小で、新たな強気相場の先導株となることが多い。買い付けは、最高の業種グループ中の最強の2～3銘柄に限定すべきである。

ほかの大トレーダーと同じように、オニールはまた、一定の業種グループやその業種の好調さが最強銘柄の主要な特徴をなすことをはっきりと示した。投資対象は、その時点で相場を牽引しているグループの上位20％に限るのがよい。最も好調なグループの中から、新高値に進むと見込まれる銘柄を探す。その時点で相場で選好されているのが大型株なのか小型株なのかについても、注意を払わなければならない。

研究によれば、株価変動の37％はその株が所属する業種グループと直接につながっており、さらに12％はそのセクターと関係している。つまり、株価変動のうちほぼ50％が、所属するグループに帰せられることになる。セクターというのは、より広いカテゴリーを表し、業種グループがその中に含まれている。

同じグループ中に好成績銘柄がまったく存在しない株を買うのはやめたほうがよい。これは「最高の成績を示す主導株には、同一業種中に同じように好調な仲間が存在するものだ」というリバモアの観察と軌を一にする。真の意味の先行グループには、有望な強さを示すほかの銘柄がいくつか存在するものである。

出来高は株式に対する需要の強さを示す市場の指標として一番優れており、需要の強さを知るには出来高を見るのがよい。オニールによれば、市場活動の75％は機関投資家によるものだという。ＩＢＤは全銘柄について出来高の変化率を掲載している。各銘柄の直近50日の出来高と、日々の出来高変化率が示されているので、現在どの銘柄の出来高が大きいのかを素早く見て取ることができる。

個別的なグループが市場でどのように反応するかの一例として、１９７３年から１９７４年にかけての弱気相場が始まる直前の１９７３年２月に、金関連グループが相場のトップに立ったときのことが挙げられる。もともと金はディフェンシブな業種とみなされている。

市場グループの動向に注目することで、将来起きそうな事態の手がかりが得られる。株式相場は、基礎的条件、政治的管理やその失敗、国全体のセンチメントなどを反映する巨大な鏡のようなものだ。このことを頭に入れて、グループや主導株の動向を理解することが決定的に重要となる。

・**I——機関投資家の活動**（Institutional Sponsorship）

買いを検討している銘柄について、最低ひとつか2つの有力（最高成績の）機関投資家が株主になっていることと、最近の四半期に株主となった機関投資家の数が増えていることを確実に確かめておかなければならない。相場の75％が機関投資家がらみだ。その動きに注目することは非常に重要である。

・**M——相場の方向性**（Market Direction）

これは、CAN―SLIM法のなかで、一番重要な要素である。ほかの項目が全部正しくても、相場全体が予想どおりに動かない場合、リターンの確保に苦労する。現時点の相場がどの段階にあるかを知ることは重要である。

全銘柄の75％は相場の動きに従う傾向があるため、現在の相場環境を常に把握することが不可欠となる。相場の向かう先は予測できなくてかまわない。現在の動きを正確に理解することが大切なのだ。


このようにオニールは、リサーチを非常に重視している。これは重要な事実である。相場で簡単に儲けられると考えてはいけない。折り紙つきの彼の方法は、相場の現実の作用を集中的に研究することによって練り上げられてきたものである。また、ファンダメンタルズやテクニカルな観点から見て、どの株が相対的に好調なのか個人投資家が素早く調べられるように、彼は多くのユニークな情報源を構築した。毎日ＩＢＤを読んで研究することが欠かせない理由もそこにある。

何十年にもわたって株価の素晴らしい成績を演出してきた重要な特性で、オニールが発見したものがいくつかある。そのひとつがレラティブストレングスだ。

ＩＢＤのレラティブストレングス・レーティングは、相場全体と他の銘柄との対比で測られ、1年前の株価と現在の株価を比べて変化率を計算して得たレラティブストレングスを、他のすべてのレラティブストレングスと比較して算出する。この指標は、値動きの点である株がほかの株や市場全体と比較して、どの程度好調なのかを表す。

１９５３年以降の最高銘柄が、大幅に値上がりする前に示したレラティブストレングスの平均値は87。このレーティングは、ほかのＩＢＤ独自のレーティングのほとんどと同様に1～99までのスケールに基づいて表す。オニールは最低でもレーティングが80以上の株を勧めている。下落相場にあってもしっかりした動きを見せ、常にほかの銘柄や市場全体を陵駕する株を求めて見つけだすことが必要なのである。

また別の特性に、アキュミュレーション・ディストリビューション・レシオがある。これはある株が大口機関投資家によってアキュミュレーションされて（買われて）いるか、ディストリビューションされて（売られて）いるかを示すものである。

ＩＢＤでは各銘柄について直近13週のレシオを追跡している。機関投資家の関与度のレーティングを見ることで、ファンドや大口投資家が継続的に買っているか売っているかが判断できる。この場合もやはり、主導している成長株をポジションに持つ機関投資家の動きについていくことが大切である。

オニールはチャートの研究によって、一定の値固めの領域や特別なベースパターンが時間とともに形作られることに気づいた。それらのパターンは、株価が底離れして大きく上昇する直前に形成されるもので、いろいろな時期にさまざまな市場で見られる。パターンが形成されるのは市場全体の調整の作用によるもので、そのチャートには株の需給関係が目に見えるかたちで表れる。

正しい売買ポイントを正確に決定したり、どの時点でトレンドが変化するかを適切に判断したりするためには、チャートを読み取って理解することが必要になる。オニールは基本的な主因として価格と出来高だけに着目することで、チャートの重要な側面を常にすっきりととらえようとする。先の賢人と同様、オニールにとっても、出来高と株価の動きが需給を知る最高の手がかりとなる。利用可能なテクニカル特性はほかにもいろいろあるが、迷うことなく価格と出来高という基本となるべきものだけに従うべきである。

はるか昔にリバモアが語ったように、株価変動のパターンは何度となく繰り返されるものであり、オニールもいろいろな時点で再現されるそうした株式チャートパターンを見つけだそうとした。

オニールが発見したもので一番よく見られるパターンは「カップ・ウィズ・ハンドル」と呼ばれるものである（図V・1参照）。

このパターンは、横から眺めたコーヒーカップのシルエットに似ている。左側に斜めの下降線があって、底があり、右に上昇線とハンドルがあって、さらにピボットポイントがある。出来高を伴いながら、ハンドルの上端にあるそのピボットポイントを株価がブレイクするとき、絶好の買い場となる。

過去の例を見ると、最高の株はカップ・ウィズ・ハンドルのパターンに入る前に、少なくとも30％の上昇トレンドを描く。このパターンが形成される期間は最低7～8週間だが、銘柄によっては15カ月もの長期間に及ぶこともある。

多くは、絶対的なピーク（図V・1のポイント1）からカップの安値（ポイント2）までの下げは20～30％である。

ハンドル（ポイント3、4）はたいてい短期間で、1週間から7～8週間続き、減

■図V-1　カップ・ウィズ・ハンドルのパターン

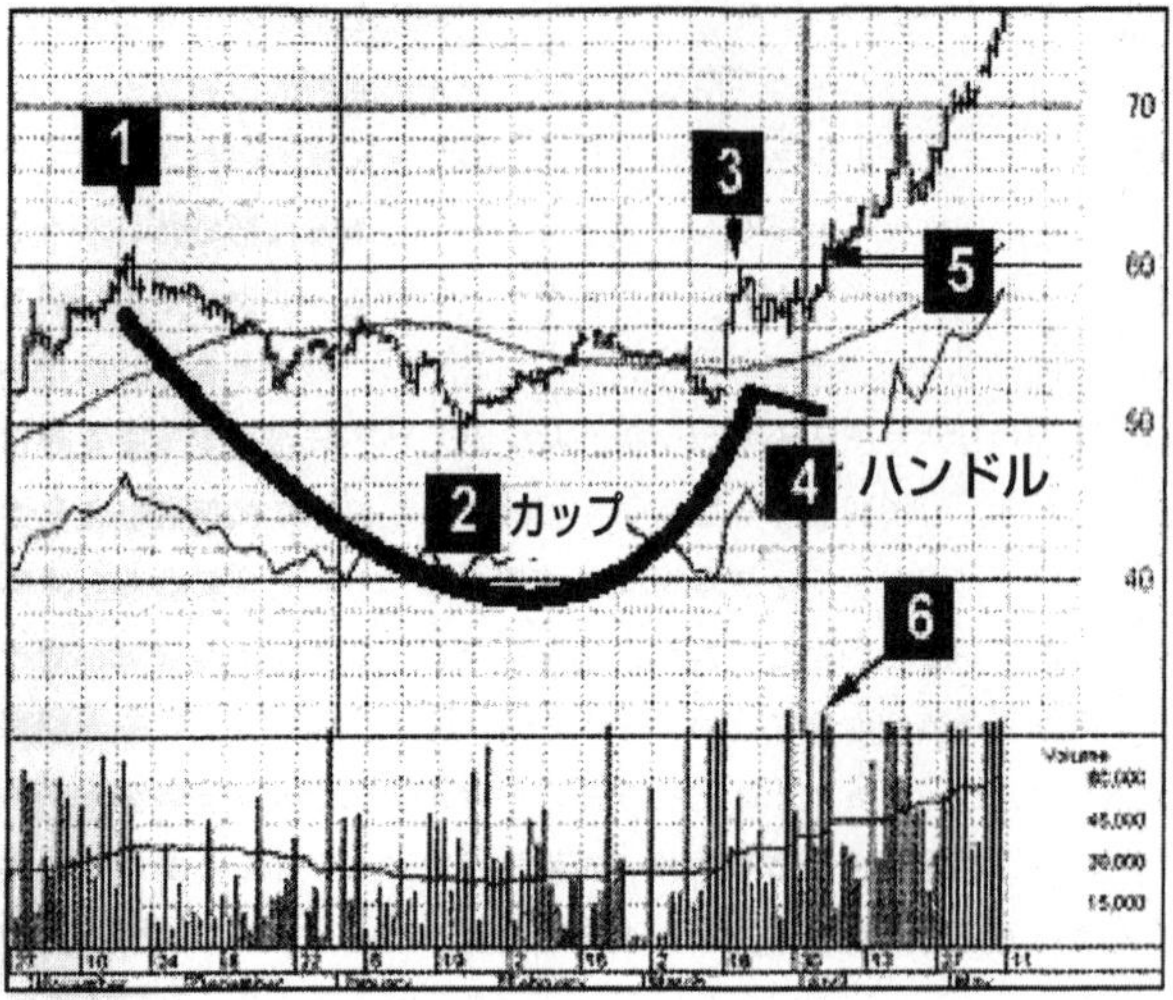


出所＝www.investors.com（IBD 学習センター）

少傾向の平均以下の出来高を伴って下降する必要がある。この下降によって、最後の弱気筋が振り落とされることになる。強気相場にあるときは、ハンドル部分の下落が10～15％以上になることはないはずだ。

ピボットポイント（ポイント５）は最小抵抗ポイントに似ている。この図では、ハンドル領域の上限ポイントの10％上にピボットポイントがある。ピボットポイントはハンドルのなかの新高値であるが、その株の以前の高値には届かないのが普通である。ピボットポイントは、最小リスクのポイントとなる。

残っていた懐疑的な株主が皆抜け落ちて、上にはもはや抵抗がないので、株価は新高値へと進むことができる。このポイントをブレイクアウトするときには、出来高が著しく増える（平均の50％以上）。そのことで株に対する強い需要のあることが確かめられ、比較的大口の投資家がその株に興味を持ったことが確認されるわけである。

図Ｖ・１は、ＵＳサージカルのチャートである。同株は１９９０年4月に60ドルのピボットポイントをすると、その後の22カ月間に７６７％という素晴らしい上昇をみせた。当時、同社のファンダメンタルズは傑出していたが、そのほかの主力医薬品株と医薬品セクターも非常に好調な動きを示していた。

新高値を買うのは不安なものである。しかし、実際には伸びつつある勢いを買うのであり、それこそが将来の大きな利益につながるのだ。

この方法も、掘り出しものを求めて最安値で買うのではなく、新高値近辺にある株を買う戦略のひとつだ。100年以上も前に偉大なトレーダーたちが証明したように、これは大きな利益を上げるための買いのタイミングをとらえる正しい方法である。だが、今日でも慣れていない投資家の大半は、これが正しい株の買い方であることを理解していない。

オニールは、1950年代後半に100以上の銘柄を分析してドレイファス・ファンドの株式買い付け法を研究した。自分のルールを確立し始めたときにも、そうした方法の正しさを証明した。ドレイファスの銘柄はどれも、ベースをなすパターンから抜け出して新高値を付けた時点で買われていたのである。大事なのは、新高値に進む主導株だけに着目すること。そして「高値を買って、さらに高くなったときに売る」ことをモットーにすべきである。安い株にはそれなりの理由があるわけで、ほとんどの場合、けっして以前の高値まで戻ることがない。

次に取り上げる頻出するチャートパターンは「ダブルボトム・ベース」である（図V・2参照）。これは「W」に似た形をしている。その特徴は、まず価格の下落があって（ポイント1、2）、次に最初の上昇があり（ポイント2、3）、また下落があって（ポイント3、4）、その後以前の高値にまで戻る（ポイント4、5）。

Wの右半分は左半分よりもやや安い価格に落ち込むのが普通で、そのときに最後に残った弱気筋が振り落とされる。ダブルボトム・パターンのピボットポイントはWの右側上部にあり（ポイント6、7）、第2の下落を経たのち、ここから新たな上昇が始まる。ピボットポイントでは、株価が、ハンドル部分の高値か、あるいはハンドルが形成されない場合にはWの中央の高値を少なくとも10％上回る必要がある。

図V・2に示したチャートはアメリカン・パワー・コンバージョンのものだ。同株は、ピボットポイントをして22ドルを超えたのち、22カ月間で800％もの高騰をみせた。ブレイクアウトが生じる前、同株は飛び切りのファンダメンタルズを示していた。

■図V-2　ダブルボトム・ベース

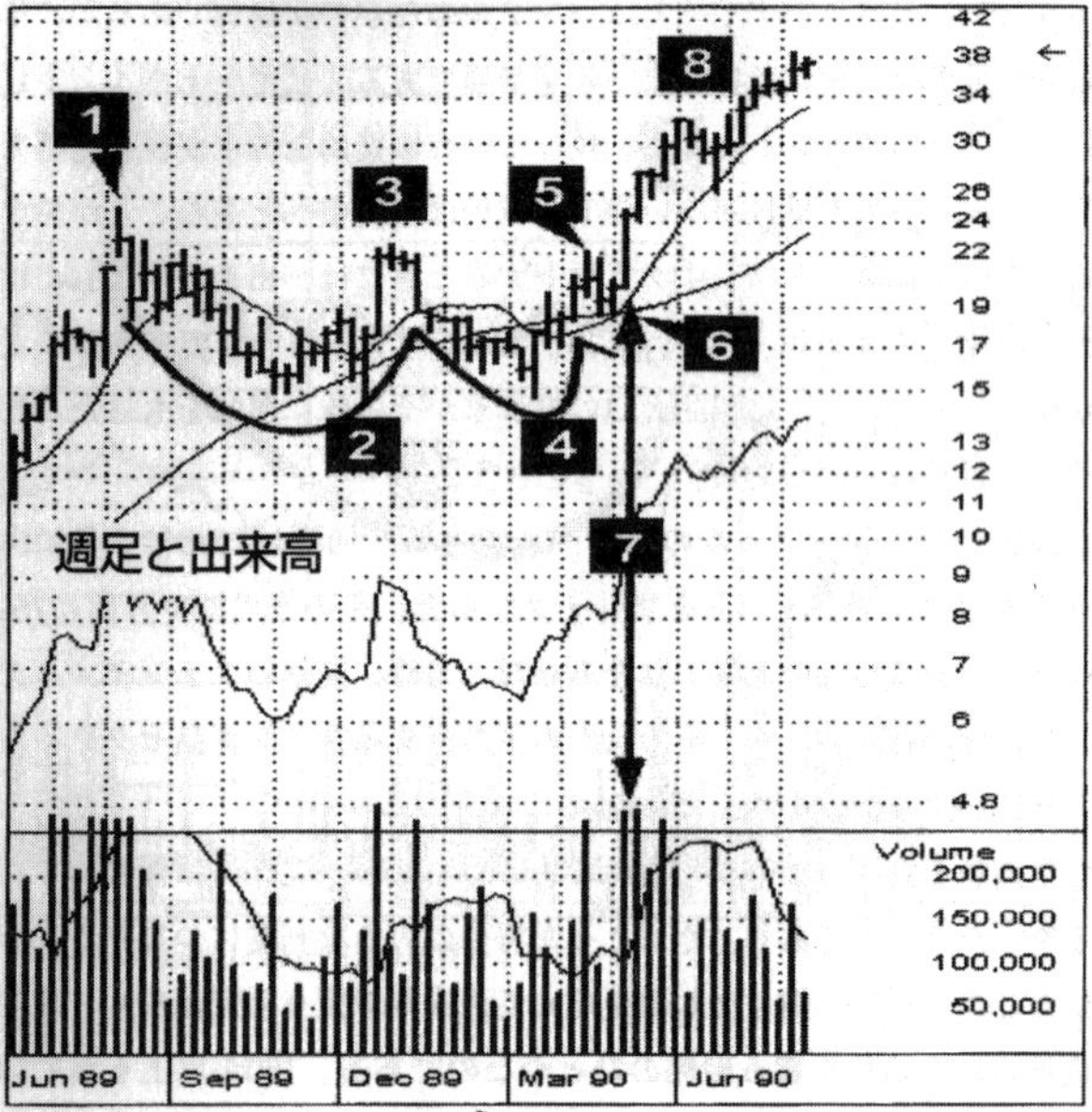


出所＝www.investors.com（IBD学習センター）

次のパターンはフラット・ベースである（図Ⅴ・3）。これは通常、ハンドル付きベースのあとの第2段階のパターンとして生じるもので、株価は横ばいで推移し（ポイント1、2）、8～12％以上の価格調整は生じない。期間としては少なくとも5～6週続くことが多く、その間、動きは静かだが実際には非常に建設的なプロセスが進行している。

その後、新たなピボットポイントが確立されるが（ポイント3）、トレーダーは、株価が出来高の増加を伴いながらそのポイントを超えるのを待つことになる。ただ、株価がすでにピボットポイントを5％以上超えてしまっている場合には、買い付けを見合わせたほうがよい。それは、一時的な押しがあってピボットポイントを少しでも下回ることがあると、自分の損切りルールに引っかかってはじき出される可能性があるからである。

繰り返しになるが、以上述べた主要な株価パターンに関する詳しい説明とさらに多様なチャートについては、オニールの著作に当たっていただきたい。

図Ⅴ・3はアムジェンの株価である。アムジェンは当時の医薬品分野の主導株で、

■図V-3　フラット・ベース

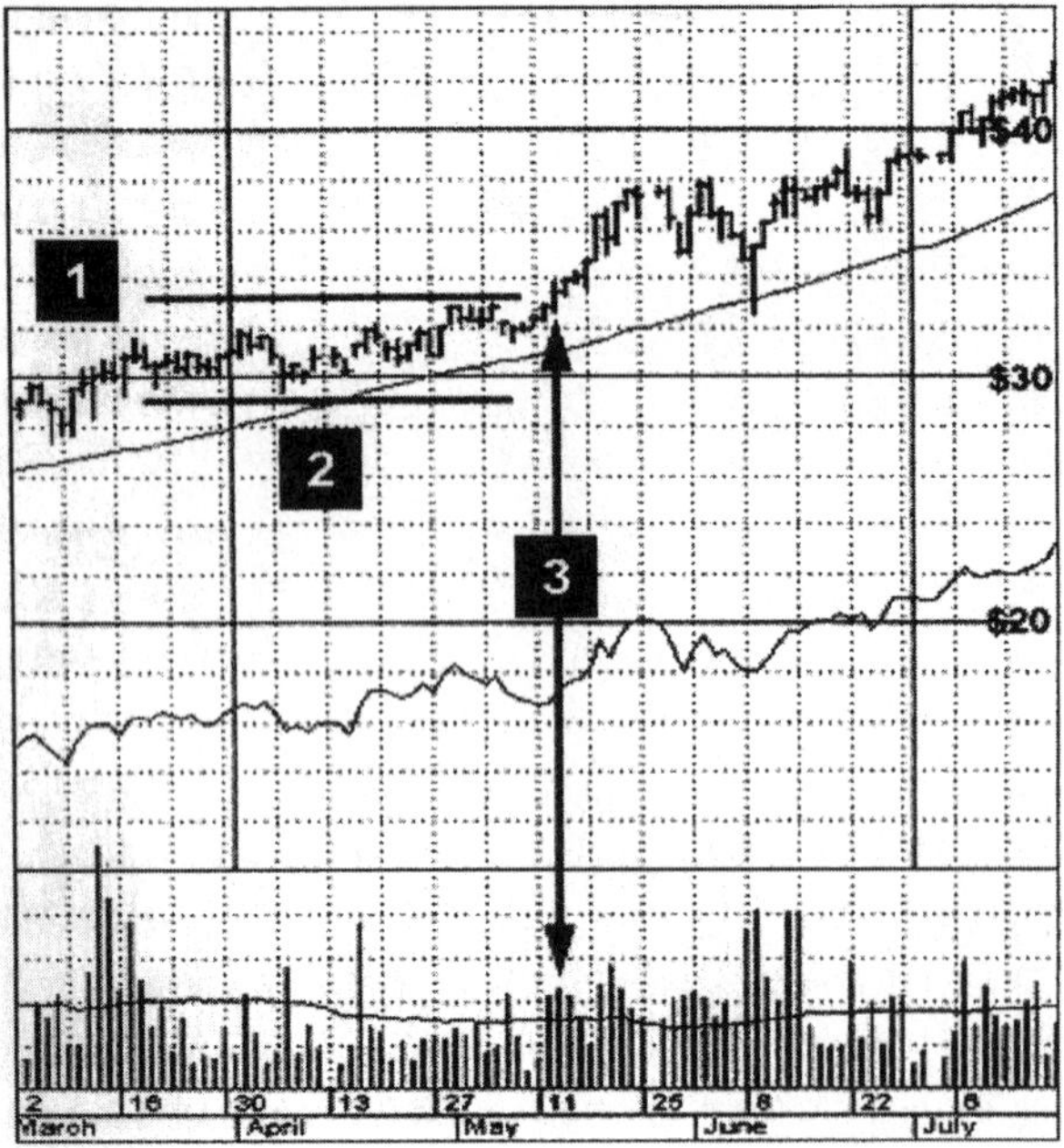


出所＝www.investors.com（IBD学習センター）

ファンダメンタルズ面で素晴らしい結果を示したあと、株価が大幅に上昇した。1990年4月から1992年初めにかけて、640％もの見事なリターンをもたらしたのである。

チャートパターンを見るとき、範囲が広くぼんやりとしたベースではうまくいかない。より明瞭なベースとコントロールしやすい価格パターンだけに従うこと。そうすればリスクを最小限に抑えるのに役立つ。また、チャートや特定のチャートパターンの分析に慣れてくれば、一層明瞭にパターンをとらえられるようになる。

上昇途中の4段階目のベースは、失敗につながる可能性が高いので避けるのが賢明だ。失敗の確率はだいたい80％。株価が4段階目のベースを形成するまでに、ほとんどひとり残らずその銘柄のことを耳にしているため、将来的な買い付け余力がほとんど尽きている公算が高いのである。

次のような特徴を持つ株のベースはしっかりしているといえる。

- 出来高が比較的多い週に、値下がりするよりは値上がりすることが多い

・売り買いが拮抗してほとんど株価が動かない週が何週か続く
・昨年ないしは12カ月以内に一度か二度、出来高が突出して増えながら値上がりした週がある

オニールによれば、ピボットポイントをブレイクした株全体のうち、40％はベースのピボットポイントまで反落する。ピボットポイントを通過したあと反落する例として、例えば出来高を伴いつつ、2～3日連続して下げてポイントまで達するケースがある。これは自然的なものだ。自然な反応なのだから、そこは我慢して成り行きを見守るべきである。

また、1日か2日だけ株価が50日移動平均線を下回ることがある。これも、たいていは自然なものとみなすことができる。

大切なのは、株価と出来高の推移を分析することで株価のパターンを理解することである。チャートには、人間的性質と投資家心理、そして過去の動きが表れる。それは市場によって変わることがなく、将来の市場においても何回となく繰り返される。

歴史は株式市場でも絶えず繰り返されるからである。だからこそ「成績を大きく伸ばすには、適切な研究や分析、リサーチによって株式のチャートパターンを正しく解釈する方法を学ばなければならない」と悟ることが重要なのだ。

実は、株価下落と弱気相場も株式相場にとって積極的な意味合いをもつ。次回の主導株が出現するための新たなベースが生み出されるからである。だから、相場が思うようにならなくてもけっして投げやりになってはいけない。むしろ弱気相場の時期にこそ一層研究と分析に励むべきである。

先の賢人と同様に、オニールにとっても必須の売買ルールのひとつが、市場の一般的トレンドに従うことである。市場全体に従う場合に大事なのは、それが今どう動いているかを理解し、一定期間上昇が続いたときには天井を見極めようとすることだ。

大部分の株は市場全体に従う。市場平均でみて2～4週間のなかにディストリビューション（売り抜け）の日が4～5日あるような場合には、市場全体に天井を打つ可能性がある。そうなったら買うのをやめて、売りを考え始める時期だ。注意深いトレーダーや機敏な投資家は、常に市場の発する天井シグナルに着目している。

過去の例を見れば分かるように、相場は、重大な急落が生じる前に、多くの売りのシグナルや天井の兆しを発する。そうしたシグナルに目を背けたり無視したりして損失の拡大を引き起こすのは、たいていの場合、投資家が抱く〝希望〟である。

株の最高の売り時は、値上がりが続いてだれの目にも好調とみえる上昇の途中である。もうひとつは、自分がこれ以上ないほど有頂天になっていると気づいたときだ。

一定期間値下がりが続くと、相場は必ず上昇する。オニールはそうした時期に好んで相場を仕掛けた。機敏に立ち回るためには、相場の底を探り、底打ちを確認する必要があるのだ。底打ちとなるのはたいてい、弱気相場の価格調整のあとで主要な市場平均が前日よりも高くなったときである。

前述のように、最初の値上がりのあと4～7日間上昇が続いたとしても、確認のシグナルを見つけだす必要がある。そうした反発の初期段階では失敗の可能性が20％ほどあるからだ。最高の勝ち株は通常、新たな強気相場が始まって10～15週のうちにはっきりしてくるものである。

成功するための何か別の方法というものがあるわけではなく、株式トレードの重要な要素として、相場が今どう動いているのかを毎日把握しなくてはならない。

増し玉の戦略は、オニールにとっても中心的な売買ルールである。最初の買い付けのあと株価が予想どおりに動いたときに､買い増しをする。株価が買い値よりも2・5～3%ほど値上がりしたときに、増し玉をするわけだ。オニールは増し玉のアプローチを人にも勧め、彼自身も現在までにそれによって大きな利益を手にしている。

具体的な手順としては、ある銘柄に2万ドル投資したいと考えた場合、最初の買いでは半分の1万ドルを注ぐ。株価が2・5～3%上がったら、次の6500ドル分を買い付け、さらに上げ続けるようならば最後の3500ドル分を買う。当初の購入予定額を分割して買うのは、慎重なレバレッジの戦略であり、ほかの多くのトレーダーもそれによってリターンを拡大している。

オニールは、増し玉は株数ではなく金額ベースで考えたほうがうまくいくという。もし順調なポジションを持っていて大きく利が乗っている場合には、その株が新たなベースを形成するか、50日移動平均線を突き抜けようとしているときに株を買い増すのがよい。ただし、そのほかの売りのルールを破ることにならないのか確かめておく必要がある。

彼がピックンセーブのトレードで得た利益は、長い時間をかけて継続的に増し玉を行うことで達成されたものである。実に7年半をかけて285回にわたって買い付けを行ったのだ。当初買った株は、その間に20倍の利益を生み出していた。

オニールの買いのルールは、次のようにまとめることができる。

- 価格が20ドル以上の上場銘柄か、15ドル以上のナスダック主力株で、機関投資家が手がけるものに限定する
- EPSが過去3年連続して増加しており、現四半期が20%以上の増益となっていなければならない
- 堅固なベースパターンから立ち上がってきて新高値を付ける直前にあり、また、その日の出来高が50%以上増える必要がある

オニールは15ドル以下の株には手を出さなかったが、それは安い株には安い理由が

あると確信していたからだった。1953年に彼が行った研究によれば、大成功株が上昇を開始する前の平均株価は28ドルだった。普通の投資家は低位株を好むものだが、オニールは違った。

また彼はIPO（新規公開株）を勧めない。それはまだ適切なベースもトレードパターンも形成されていないからである。

ファンダメンタルズが良好なIPO銘柄を買うのに最適な時期は、最初に形成されたベースを抜け出してブレイクアウトするときで、通常IPOから2～3カ月が経過している。ただし、リサーチの結果、最高の成績を上げる株のほとんどは、会社設立後8年以内に公開されていることを発見している。

オニールが行ったリサーチ全体をまとめるなら、成功するための主要事項として次の3つが挙げられる。

- ファンダメンタルズが良好な優良企業の株だけを買うような買い付けルールをもつこと。チャートを使って、そうした将来的なリーダー株を買うのに最適の

タイミングを決めること

- 一連の売却ルールをもつこと。株価が買い付けコストを7～8％下回ったら、全部を損切りすること。自分の売却ルールに従って相当額の利益を確保する方法を身につけること
- 市場全体を読み取る方法を学び、現在の市場がどの段階にあるかを解読できるようになること。ただ、その先行きを予想したりしないこと。毎日市場を研究すること

また、基本的な全体ルールは次の3つである。

- 銘柄選択のための特定の戦略
- 厳格なリスク管理
- 上記2つのルールに違反しないようにするための規律

空売りについていえば、成功は難しく、非常に熟練したトレーダーだけが行うべきだと考えていた。それでも空売りを試みる場合は、弱気相場のときにだけ仕掛ける。ストップロスを使い、高すぎると感じた株と小型株には手を出してはいけない。空売りに最も適したチャートパターンは、ヘッド・アンド・ショルダーズ（三尊）型と、3段階目か4段階目のベースパターンの2種類である（編注：ただしオニールは売りの知識も重要だと考えており『オニールの空売り練習帖』を著している）。

世の中には必ず、チャートが役に立たないと自信たっぷりに言う負け組のトレーダーや、一部の学者、競争相手、少数の知ったかぶりの皮肉屋がいるものだ。彼らが口にするのは、相場のタイミングは測れない、CAN－SLIMは役に立たない、損切りの勧めは間違っている、ナンピンをしてもかまわない、安値を買うべきだ、銘柄を分散すべきだ、バイ・アンド・ホールド（長期）の投資家になるべきだ、配当や低PBRや低PERが重要だ、などといったことである。

オニールの40年にわたる成果は、伝統的な知恵がひどく誤っており、時として非常にリスクが大きいことを証明している。それに対して、CAN－SLIM法はこれまでに数多くの億万長者を生み出している。彼の上級投資ワークショップに出席すれば、長期間その方法を信奉し、相場が好調な時期に年間で50～100％以上の利益を上げた、たくさんの人物に会うことができるはずである。

全米個人投資家協会（AAII）は、1998年以来、50以上の有名な投資法について中立な立場でリアルタイムの研究を毎月行っている。同協会によれば、「成長株のグループにおいて長期的にトップに立っているのは、引き続きオニールのCAN－SLIMアプローチで、過去5年半の間一度もマイナスの年を出すことなく503％の利益を叩きだしている」という。同協会の客観的で確証的な研究結果は、2003年8月のAAIIジャーナルに掲載されている。

オニールはこれまでずっと、相場の綿密な研究を続けてきた。その厳しい仕事が報われたことは明白であり、その成功によって彼は富を手にすると同時に、証券業界で非常に立派な声望を得た。

筆者を含めて大勢の個人投資家が、事実に基づくあらゆる情報を、独立した投資家と株式トレーダーに提供し続けていることに対してオニールに深く感謝している。

仮にリバモアやバルーク、ローブやダーバスが、オニールのリサーチや、独自の株式データベース、インベスターズ・ビジネス・デイリー（ＩＢＤ）およびそれと連動したウエブサイト（http://www.investors.com/）を利用できたとすれば、その成果は一段と優れたものになったはずだ。

図Ｖ・４～図Ｖ・７は、１９９０年代後半におけるオニールの最高の勝ち株について５年間の株価チャートを示したものである。一目で分かるように、チャートには各銘柄の株価と出来高の推移がはっきりと示されている（このチャートは、各銘柄についてオニールの売買ポイントを示そうとしたものではない）。

注目してほしいのは、１９９８年と１９９９年にこれらの株が出来高の増加とともに大きく値上がりしている点である。市場全体もまた非常に強力な上昇トレンドにあり、そのなかでこれらの銘柄は当時の牽引役を果たしていた。

このチャートは、相場環境が強力な上昇トレンドにあるときに、主導株がいかに急激に値上がりするものかを示す良い例となっている。

どのチャートも、２００３年第１四半期までの値動きを示している。そこから分

■図V-4　アメリカン・オンラインの週足チャート（1998-2003年）

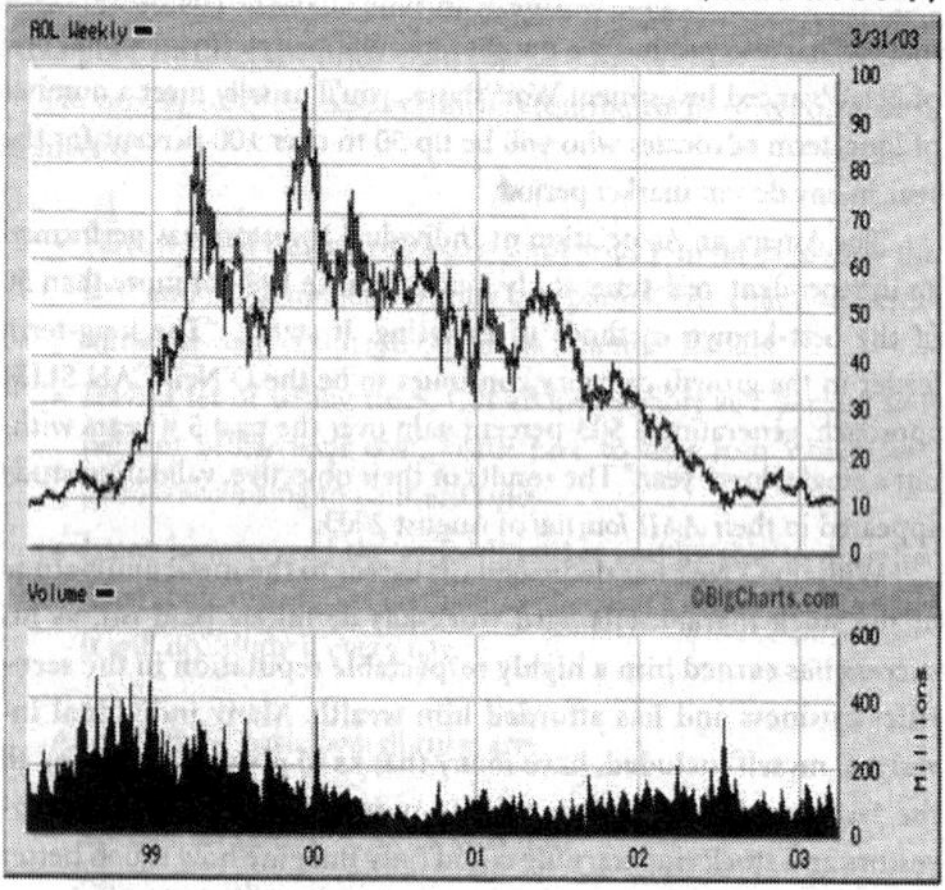


■図V-5　クアルコムの週足チャート（1998-2003年）

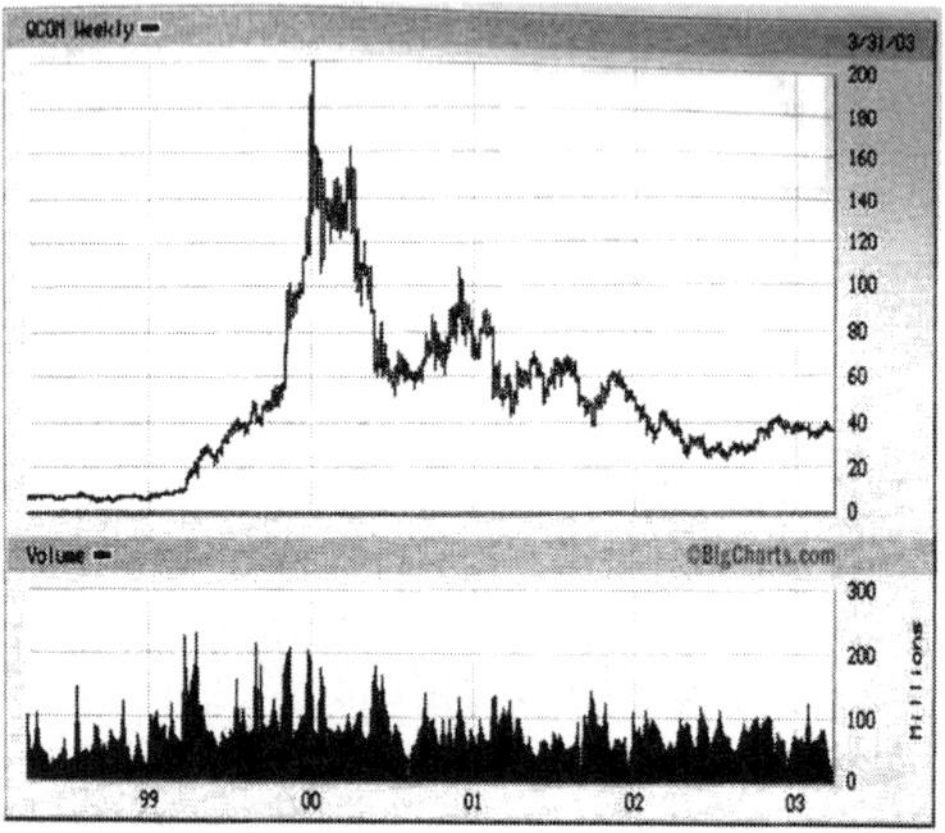

■図V-6　サン・マイクロシステムズの週足チャート（1998-2003年）

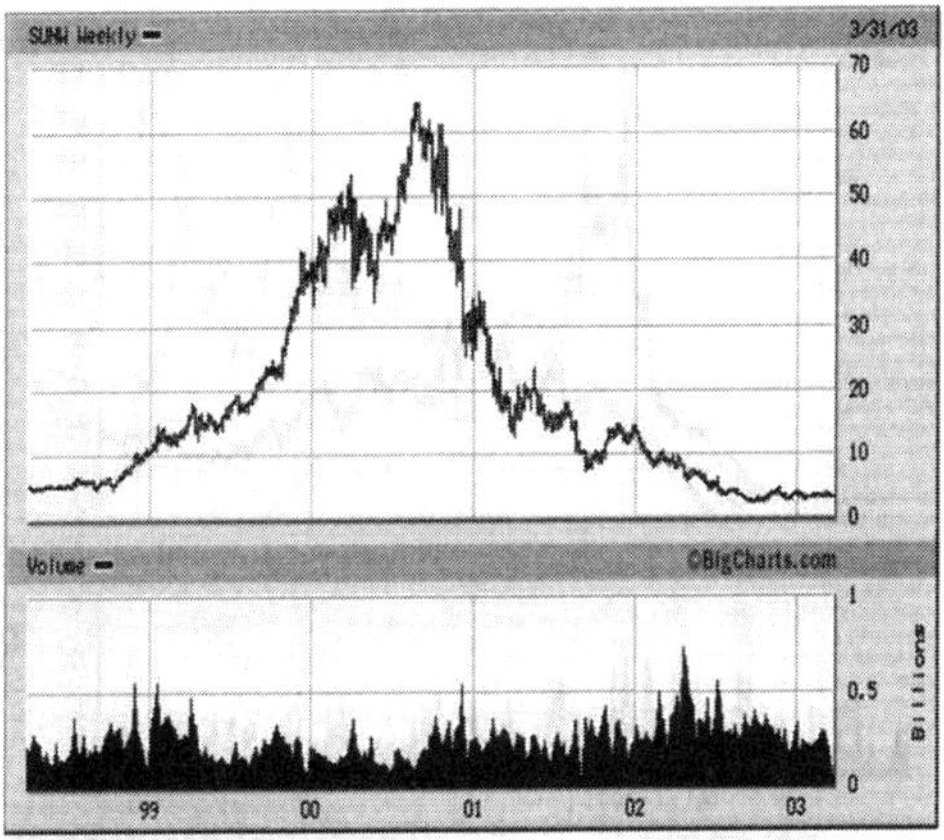


■図V-7　チャールズ・シュワブの週足チャート（1998-2003年）

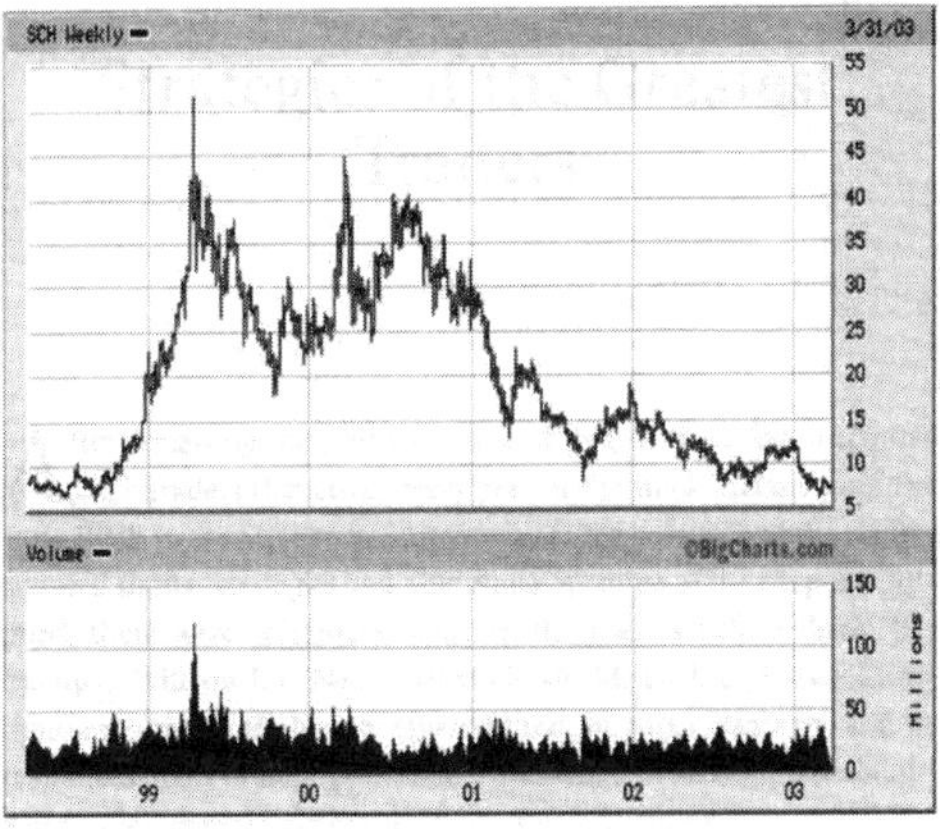


出所(p.254~255)=www.investors.com

かるように、損切りの戦略や利益確定のルールをもたず、あるいは利の乗った株の手仕舞いを指示する相場のシグナルに従わずに、長期保有にこだわったとしたら、1990年代後半に得た大きな利益は完全に吹き飛んでしまったはずである。

オニールは天井付近でこれらの株を売って大きな利益を確保した。それに対して、バイ・アンド・ホールドの投資家は、以前あった巨額の含み益が次第にしぼんでいって遂には大幅な損失に変わるのを、信じられない思いで呆然とながめているしかなかったのである。

# 第6章　偉大なトレーダーの戦略

１８９０年代初めから現在に至る、株式相場をカバーする５人の成功者を取り上げた。彼らの経歴と戦略の説明が終わったこの段階で、そこにどのような共通の戦略や規律が見られるかについてまとめてみよう。

これまでにも触れたことだが、先輩トレーダーへの言及がなされているケース――例えば、ウィリアム・オニールはジェラルド・ローブとジェシー・リバモアの徹底的な研究を行った。インタビューでは彼らの名前を挙げるだけでなく、株式相場やトレードの本、刊行物を推奨するときに彼らの書籍をたくさん挙げている。

ダーバスはタイム誌のインタビューのなかで、ルールを忠実に守りたい一心で、ローブの古典的著作『ザ・バトル・フォー・インベストメント・サバイバル』（パンローリングより翻訳刊行予定）を1週おきに読んだと語っている。彼にとって同書は、集中力の維持に役立つ貴重な道しるべだったのだろう。

一部重複もあるが、5人の各トレーダーは異なった相場環境で戦ってきた。リバモアとバルークだけ、同時期にトレード活動を行っている。

本書に述べたように、彼らの全員が、経験の浅い若いときに、失敗を犯してお金を失った。彼らもやはり人間なのだ。

本書ではまた、トレードを始めるのに巨額の資金は必要なく、時とともにそれを大きな富へと変えていけるのだということにも触れた。リバモアの当初資金は数ドルにすぎず（1892年のこと）、オニールが最初のトレードに着手したときには500ドルしか持っていなかった。

トレードを始めた最初のころの失敗について、5人全員がその理由を解明したいと考え、失敗を引き起こした株価変動の分析に取り組んだ。適切な心構えと断固たる決意で臨み、失敗から学び取って有効なルールを打ち立てるならば、多くの人が株式トレードの世界で夢見る金銭的報償が勝ち取れることを彼らは証明したのだ。

同時に賢人たちは、それが容易ではないことも強く示している。大した努力もなしに一気に金持ちになれるという思い込みが幻想であることを証明したのだ。

相場で成功する方法を求めて苦闘した若いころ、各々が用いた売買戦略には共通点が数多くある。ここではその検討を行うことにする。

## ■共通の能力

いずれのトレーダーにも共通する必須の能力であり最も大切なこと、それは必死に働く姿勢である。

それぞれの章で触れたように、成功への歩みのなかで示された奮闘と没頭と労苦は、目標達成に不可欠な要素だ。これは意外なことではないだろう。

成功するために、特に最高レベルの成功を達成し頂上に登りつめるためには、骨身惜しまず働くことが必要だと彼らは述べている。これは何事においても、まったく変わらない。報償を得るために努力した者だけが、それを手にできるのだ。

ダーバスを除く全員が、要求される努力の量からして、トレードにはフルタイムで取り組むことが必要だと考えていた。しかし、ダーバスもまた、本業以外のほとんどの時間をトレードに費やしていた。実際、1日8時間を相場の研究に充てたと語っている。だれが見てもこれはフルタイムに等しいといえるだろう。

株式相場で儲けるには厳しい努力が必要で、一夜にして成果が得られることはない。たとえそれが起きたとしても、適切な注意と努力を払い、しっかりした売買ルールを実行しないかぎり、たいていは長続きしない。

観察と研究は必須である。それがあって初めて、厳しい努力が生きてくる。5人全員が相場の研究を行い、相場の動き方とそこから投資機会をつかんで利益を上げた。彼らは、経験が大事だと悟り、自分の失敗から学び、トレードのなかで身につけたいろいろな教訓に注意を払った。危険な道を歩んできた過程で得た経験は、しっかり頭に入れておく必要がある。将来同じような状況が生じたときに、そうした経験と記憶を生かして同じ誤りを犯さないようにするためだ。

このことは、とりわけ相場によく当てはまる。というのも株や相場の動きのパターンは、年ごとに、サイクルごとに繰り返されるからである。

彼らは全員、株式市場に参加する者ならだれでも出くわす敵と戦った。それは抗じがたい〝感情〟である。トレードに必要なのは、常に感情をコントロールする能力である。それを成し遂げるために全員が、自分にとって効果的に機能するしっかりした売買ルールを作り上げたのだ。

必死に稼いだお金がかかっていると、常識も知性もある人々が、感情に飲み込まれて普段はとらないような行動をとってしまう。しかし、5人は厳格なルールに従うことでそうしたトレードの感情面をコントロールすることを可能にした。

本書全体をとおして、感情コントロールは能力として、規律として、そして実行される特別なルールの効果として説明されている。

トレードにおいて感情のバランスを保つことは、最高のトレーダーだけが持ち得る素養である。それを身につけるためには、実際にお金を投入する必要があり、ときには胃がキリキリと痛むような損を経験することが必要だ。それによって初めて、野放しの感情が株式トレーダーの最大の敵であることを実感できるようになるのだから。

ロープとダーバスは、一定の株式に当てはまる個性や性格などについて述べている。一番巧みに説明しているのはローブで、株には人間が通過するのとよく似た段階があるという。人間にも株にも幼年期、成長期、成熟期、衰退期があり、最大の利益が得られるのは成長期となる。

オニールの発見によれば、株は時間上の一定のパターンに従う。そのパターンは繰り返され、最高の株は類似したパターンとベースを持つ。彼ら5人が成功を勝ち得たのも、特定のパターンに基づいて株がどの段階にあるかを見極められたからだ。

高い目標と大きな成功を目指す意欲は、これらの大トレーダーに共通した特徴だ。とりわけローブとダーバスは、できるだけ積極的な目標を立て、可能な最高のリターンを狙うことが非常に大事だと語っている。もちろんほかの3人も、自分の目標を達成するために極限まで頑張る意志と不屈の精神を備えていた。

相場で、常に困難な状況に立ち向かって成功を実現するためには、しっかりした判断力と思考力、常識、謙虚さを備えている必要がある。知性も有効だが、最高レベルの知性が必要だというわけではない。実際、知性が高いと得てして高慢と自信過剰に陥りがちで、結果的に株式トレードにとっては破滅的で、ひどい痛手を被りかねない。

最後になるが、機敏に反応して軌道修正を行う俊敏性は、5人が勝ち取った成功において重要な役割を果たした。「人間的性質によって、相場は本質的にけっして変わらない」と言ったのはリバモアだ。新たな企業やビジネス、経済や世界的出来事などの新展開に影響を受けるという意味では相場は変わり得る。ただし、リバモアの言葉は出来事に対する人間的反応について言ったものであり、その点では、人間的特性のため大きな変化はない。

一方、相場サイクルの変化に関しては、適切に対応しなければならない。株を買ったらどこまでも保有するバイ・アンド・ホールドとは逆に、相場つきに応じて変化できないとひどい損失を被りかねない、と気づいた人が最近増えている。

エンロンやワールドコム、あるいはその他多くの歴史的な類似例の会社は、優良企業とみなされた時期もあったのだ。しかし、それらの銘柄が大幅に下落するといった相場環境や株価の動きを無視すると、結局、持ち株の上場自体が取り消されて歴史上の銘柄になってしまう憂き目に遭う。そのような人は、本書の賢人の仲間入りすることは難しいだろう。

以上挙げてきた能力は、５人のトレーダーが成功を追求するなかで身につけたものだ。とても基本的な要素で、当然のように思われるかもしれない。だがそうした能力は、厳しい姿勢と試行錯誤、長年にわたる努力をとおして実際に行動に反映され、磨き上げられるのである。

### ■共通の規律

自分の行動や相場へのアプローチにおいて規律を守ることが感情のコントロールに役立ち、その結果、確実な売買戦略に基づく合理的な行動がとれると彼らは知っていた。全員がともに挫折を経験し、そうした規律を学ぶのに時間を要した。しかし、規律はなくてはならず、自分のルールを厳守することは絶対なのだ。

さらに、秘密情報や仲間内の情報がいかに危険なものかで、全員の考えは一致している。だれもが特定の株について意見を持ち、なんらかのホットな情報を知っているかのように見える。だが、情報源をたどってみると、例外なく怪しい。

彼らのうち何人かは、痛い経験をとおして他人のアドバイスの危険性を学んだ。リバモアは綿花王パーシー・トーマスの言葉を信じて大金を失い、バルークはアウトサイダーの秘密情報に耳を貸したことで、自分と父親の大金をなくした。ダーバスは他人の意見を求めたせいで、最初に利益を上げたあと、ずっと損を重ねた。

一番大切な規律は自分でリサーチを行い、他人の言葉や意見に耳を貸さないこと。賢人のだれもが、書物から独力で学んでいるのだ。

また相場や過去の動き、チャートなどの研究によって、自ら判断し結論を下せるようになってからも、実際のトレード経験から絶えず学習を続けた。完全に相場をマスターできる者などいないということを、全員が確信している。それでも一生懸命に取り組み、絶えずさまざまなことを習得し、自ら研究することで、トレードで儲けることが可能となるはずだ。

ロープは、1935年に『ザ・バトル・フォー・インベストメント・サバイバル』の初版を出版したあとも、30年にわたって新たな考え方を学び続け、1965年に同書の再版を出している。自力でリサーチを行うことの重要性を強く確信するオニールは、事実に基づく偏らないリサーチを行うための情報源を提供するために、インベスターズ・ビジネス・デイリー紙（ＩＢＤ）を創刊した。

米証券取引委員会の設立から70年以上がたっても、歴史が古く知名度のある証券会社のなかに、不正確で紛らわしく、罰金・罰則や業界のアナリスト仲間からの非難を受けるようなアドバイスや情報を与えるところがある。投資家は間違いなく、偏りのない自分自身のリサーチを行う能力が求められるのだ。彼らが証明したように、それによって初めて大成功がもたらされるのである。

５人に共通するもうひとつの規律は、自分が行ったトレードの一つひとつについて丁寧な分析を行ったということである。トレーダーにとって、これは守るのが非常に難しい規律だが、実際に継続できれば、重要な学習手段となる。

５人は損をしても、相場や手がけた株のせいにすることはなかった。常に自分の行動を見直し、失敗の原因を突き止めようとしたのである。

これは非常に重要である。トレーダーは、自分の全トレードに責任を持ち、損失の原因を相場に押しつけない態度が求められる。相場に八つ当たりしても、何も変わりはしない。損を減らし利益への道を歩むためには、自分の行ったトレードを絶えず分析して、失敗から学び取ることこそが必要なのだ。

彼らは、失敗につながりそうな行動は避け、利益をもたらす売買に注力した。全員がトレードの最中にメモをとり、あとになって、特に損が出たときに、その検証を行った。自分の間違いを認め、自戒のためにそれを心に刻んでおくのは容易なことではない。しかし、それがあって初めて継続的な成功が可能になることは、本書の偉大なトレーダーが身をもって証明している。

5人は、自分のトレードについて沈黙を守った。リバモアとダーバスは複数のブローカーを使ってまで、自分の行動を読まれないようにしたと語っている。ローブは自分のトレードについて完全に口を閉ざしており、自著のなかでも個別的なトレードに触れていない。オニールは、毎日発行するＩＢＤのなかで銘柄推奨は避けており、自分の現在のポジションも明かさない。

株式相場で著しい利益をもたらす勝ち株をものにできたとしても、その利益を保持することはまた別の困難な課題である。そこで5人に共通した規律は、予備の口座を持つことだった。

バルーク、ローブ、ダーバスは利益の一部を取り分けて、いざというときのために保管した。オニールは若いころ得た利益を、ニューヨーク証券取引所の会員権、投資リサーチ会社の所有、インベスターズ・ビジネス・デイリーの創業といったほかの戦略的投資に振り向けた。リバモアはだれよりも熱心にこの規律に取り組み、利益の多くを失わないように、晩年には基金まで設立したと言われている。

株式トレーダーにとって予備口座は、軍資金や在庫に相当する。相場が変化したり、もっと良い新規の投資機会が生じたとき、予備口座のキャッシュが使えれば、機敏に対応して、その機会を生かすことができるのだ。

四六時中相場に張り付いているのは賢明な戦略ではないと、5人は考えていた。常に相場が最高の投資環境を提供してくれるとは限らないからだ。彼らは必要とあれば、相場から離れた。

ローブとダーバスは下降トレンドや弱気相場のときにはトレードすべきでないと考えており、オニールも同じ考えだった。リバモアは上昇か下降の動きを求め、横ばいの相場には利益を上げるチャンスがないと考えていた。

トレードを休めば、遠くから相場を見て焦点を合わせ直すことが可能になる。そして、もっと良いチャンスが生じたときに再度参入すればよい。おまけに、相場を休んだ静かな時間には、相場や株価トレンドの特別な研究を行うゆとりも生まれる。日ごろから相場を離れて分析を行う習慣は、一流スポーツ選手がシーズンオフにトレーニングをするのに似ている。ゲームで最高のコンディションを発揮できるように、トレードを再開する日に備えてしっかり準備をしておくのだ。

5人に共通する重要な規律のひとつは、分散化に関してだ。だがその内容は、広く受け入れられている、多くのブローカーの助言や投資アドバイスとは相容れない。たいていの投資家はリスクを抑えるために投資を分散化するように言われる。しかし5人のトレーダーは皆、真っ向からそれに反対した。全員が、できるだけ分散化を避けることで、最大の利益が実現できると確信していた。実際、何百万ドルも稼ぐことでその正しさが証明されている。

長年にわたる失敗と経験をとおして彼らが発見したことは、財をなすためには、適切な相場状況のなかで、主要取引所で売買される一握りの米国の優良株だけを上手に買い付け、のちに適切に売却しなければならないということだった。つまり、自分がよく分かっていない多様な投資対象に分散するのではなく、その時点で一番強力な需要に支えられているごく少数のリーダー株にいつも照準を合わせるということだ。

彼らはそれによって、信じられないほどの富を手中に収めた。ローブの表現を借りれば「一番安全なのは、卵を全部ひとつのバスケットに入れて、じっと見守ることである」。

投資対象の知識という点で言えば、5人はトレード対象について熟知することの大切さを把握していた。

バルークは企業についてできるかぎりの調査を行う必要性があると確信し、自分が損を出した主な原因のひとつは、投資企業に関する知識不足にあると考えた。

オニールは企業のファンダメンタルズを非常に重視しており、投資家が質の高い調査を簡単にできるように、IBDをとおして多くのファンダメンタルズデータを提供している。株式トレードで成功するためには、卓越した主導株の発見に努めると同時に、相場環境を理解することが不可欠なのである。

彼らにとって重要な規律で、一般的な見解と異なるものがもうひとつある。それは税金の問題だ。比較的後世に属するローブ、ダーバス、オニールは、トレードにおいて税金は副次的な事項だと考えた。まず何よりも、できるだけ大きな利益を上げることを目指し、そのあとで税金について考えるべきだという。

現代では、勝ち株が下落したときに典型的な売りシグナルが出ていても、税金対策上有利な時期まで売却を待とうとする者が多い。しかし待っている間に、含み益は完全に消え失せてしまうものだ。賢明なトレーダーならば、何よりも利益を重視し、税金対策は二の次にする。

以上からも明らかなとおり、5人の成功に不可欠だった規律には、一般的なステレオタイプの考え方に反するものがたくさんある。人生のほかの領域でも言えることだが、時には、あまり人の通らない道を歩むのが最善となるのだ。

5人のトレーダーは100年以上にわたって、これまで述べた共通の規律の有効性を証明してくれた。今後、相場で大きな利益を上げることを目指して、これらの規律を用いるトレーダーが増えていくであろう。

## ■共通の売買ルール

長期的に株式トレードで利益を上げるためには、経験によって磨き上げ、自分の力に見合った売買ルールが不可欠である。5人の偉大なトレーダーは皆、危険な相場に近寄らないようにするルールや、相場で有望なチャンスが生じたときにシグナルを発するルールを作り上げていた。

厳しい株式相場でリスクを管理をするには、厳格な売買ルールに従うことがどうしても必要となる。彼らのルールは、学習や分析、新方法の試行を重ねるなかで作られ、さらに修正されたのち、そこからリターンが得られるまでに至ったのである。

トレードの時期は違っていても、5人は類似した試練をくぐり抜けながら、同じルールを用いて偉大な成果を収めている。相場はやはり、自身の動きを繰り返すものであり、過去のパターンが何度も生じ、将来も起こり続けるということだ。

また、全員に共通する最も重要なルールは、損が生じた場合にその額を限定することだ。このことはそれぞれの章で何度も触れられており、5人の各著作でも数えきれないほど繰り返されている。

結局のところ、リスクを管理した売買ルールとは、**損したときに少額のマイナスを受け入れ、チャンスを待って次の株を手がける**こと以上に有効なものはない。優秀なトレーダーを際立たせている素養は、損失を機敏にカットする能力なのである。

本書に登場する５人のトレーダーは、計り知れない成功を収めた。しかし、それでもほぼ50％の確率で損している。彼らですら、毎回うまくいくことはあり得ないのだ。やはり利益を維持するには、損切りのルールが実行できるかが最重要といえる。

素人は持ち株が下げ続けるのを、なすすべもなく信じられない思いで傍観してしまう。彼らが売らない理由は、自分を長期投資家だと考えている、専門家から秘密情報をもらった株が下がるはずがないと信じている、その会社に勤めているなど、さまざまだろう。だが、いずれにしてもその行為は、ポートフォリオに厄災を引き起こしかねない。

リバモアとバルークは、当時の信用取引の条件で、損失が最大10％までしか許されなかった。信用取引ではこのルールで自動的に手仕舞いをさせられるので、際限なく株を持ち続けて大損の回復を待つといったことはできなかった。初期のころ、信用取引を行っていないときには、2人ともこのルールを無視することがあったが、その後すぐに、リターンを確保し続けるためには損切りの戦略が決定的に大事だということを学んでいる。

ローブとダーバスは、2人とも損を10％以下に抑えたと語っている。このルールを厳格に守ることで、いずれも利益を維持できたのである。

オニールは自著やＩＢＤ紙のなかで、損切りが最も重要な売買ルールだと絶えずトレーダーに説いており、買い値を7～8％下回ったら即座に損切りすることを勧めている。彼自身は経験によって、それ以下のレベル、恐らく平均的に3～5％の範囲で損切りをしているようだ。

5人の偉大なるトレーダーは皆、経験を重ねるにつれて特定の限度以内で損切りするようになった。日ごろから相場を研究していて、ポジションをとったあとおかしな動きに気づいたときは、損が8～10％になるまでじっと待つ必要はない。すぐに処分して次のチャンスを待てばよい。

熱心に研究を行い、長年の経験を重ねても、逆風や相場環境のせいで完璧な銘柄選びは不可能だ。どうしても損は避けられないのだ。

野球でいえば、最高の打者でも3割しかヒットを打たない。「どんな投機家も毎回正しいということはあり得ない。それどころか、半分正しければ、かなり良い平均成績をたたき出せる。10回のうち3～4回しか当てることができなくても、間違ったときにすぐ損切りする分別があれば一財産築けるはずだ」（バルーク）。

相場が大天井を打った2000年3月以降、つらい思いのなかでそうした教訓を学んだ投資家やトレーダーが大勢いるはずだ。損切りをしなかったために、すべての利益が吹き飛び、ぞっとするような損失に変わるのを、じっと見ているよりほかなかったことだろう。

繰り返し指摘されていることだが、感情というものがトレーダーを振り回し、おかしな行動へと駆り立てて最後には損をさせる。5人のトレーダーは皆、感情に振り回される危険をよく心得ていた。だからこそ全員が、自分のルールを作り上げたのだ。ルールに従うことで、感情的なトレーダーが見せる気ままな行動を避けることができる。ルールを持たないトレーダーは感情的なトレードに走り、それが敗者のゲームとなることは幾度となく証明されてきた。本書で、感情を除去しコントロールすることの重要性を繰り返し述べるのも、感情が引き起こしかねない危険性を肝に銘じる必要があるからだ。

そして、損切りとまさに同じくらい大事なのが、トレードを仕掛けたり手仕舞ったりするときに、相場全体の動向を把握することだ。相場全体の流れを無視すると、厳しい教訓を与えられることになる。

2000年春から2002年にかけての苦しい相場状況のなかでもそうした事態が生じた。弱気相場の性質を無視して株を買った者は、相場のモメンタムに逆らって進むことがどれほど困難なものか、すぐに思い知らされたはずだ。5人のトレーダーは、大半の株が市場全体に従って動くことを独自の分析から発見していた。

リバモアは、市場のトレンドが不安定だったり横ばいだったりする時期にはけっして手を出さず、必ず相場が先頭に立って動いていることを確認してから、流れに従ってトレードした。

バルークは、市場が調整から立ち直って方向を変えるときが最高のチャンスだと見つけだし、反転上昇して新たな力が現れるときに買いに入った。

ローブとダーバスは下降相場や弱気相場には手を出さず、じっと観察を続け、相場が反転を始めたときに徐々に主導株を買い付けた。

オニールは、市場全体を注視することの大切さをいつも強調している。彼のCAN－SLIM戦略のM（相場）は観察の対象として一番大事であることを指摘するとともに、全銘柄の約75％は相場全体と同じ方向に動くことを研究によって明らかにした。この数字からみても、全体のトレンドと同じ方向でないかぎり、株を買ってリターンを得ようとしても無駄である。

5人が勝ち取った成功に異を唱えるのは難しいはずだが、彼らの方法やルールがリターンをもたらすということを認めようとしない者が、いまでも数多くいるのだ。

5人が実行したルールのなかで一番意見が分かれそうなのは、新高値を付けた株だけを買うというルールだろう。

リバモア、ローブ、ダーバス、オニールが気づいたように、最高のリターンは、あるピボットポイントを上回って新高値へと進むときに得られる。大半の人は「安く買って高く売る」という古い格言が正しいトレード法だと信じている。そうした人に彼らのルールはひどく奇異に思えるだろう。

5人が生み出した素晴らしい利益のもとにあるのは、その格言ではない。むしろ「高く買って、もっと高くなったときに売る」という前提に基づいている。これは全員が、安い株にはそれなりの理由があり、たいていはさらに安くなると考えたからだ。

実際、リバモアは新安値を付けた株を好んで空売りした。そこまで下げた株ならば、もっと下げる公算が非常に高いと考えたからである。彼は一定の抵抗レベルを超えて新高値を付けた株を買った最初のトレーダーのひとりでもあった。

ローブ、ダーバス、オニールも自ら行った分析によって、彼らが手がける相場でもこのルールが有効であることに気づいていた。

さらに共通する別のルールは、増し玉である。このルールもまた、昔から現在まで広く受け入れられている「ナンピン」の考え方とは相容れない。ナンピンとは、株が下げ続けるときに買い増しをする行為をいう。

一方、増し玉は、本書のあちこちで触れているとおり、株価が上昇を続けるときに買いを追加することである。

5人はこの戦略に従い、自分の判断が株価の動きによって裏づけられたときに、勝ち株のレバレッジを強化した。好調な株がさらに勢いを増すときにそれを買い増して、利益の拡大を図ったのである。

ある株について予定した投資額に最終的に達するまで、節目節目で買い増していく。利益につながるこうした戦略を用いるためには、相場の現在の動きを一心に注視して観察する必要がある。

5人合わせて100年の年月をとおして、好調な持ち株を買い増す手法は、適切に用いるなら、大きく儲けるための重要な手段となることを示したのである。

大くのトレーダーが犯す誤りは、相場が再上昇するときに相変わらず、かつての主導株にこだわってしまうことだ。前回の強気相場の旧主導株が、そのまま新たな強気相場の主導株になることはまずない。これは経済や事業の条件が変わって、巨額の利益が予想される別のチャンスが生まれたことからすれば、当然のことだ。

大勢の投資家が、前の相場サイクルで儲けそこなった過去の銘柄を手がけようとする。たまにはうまくいくかもしれないが、たいていの場合、次の相場段階で新高値へと突き進むのは別の革新的企業の株である。

これも何十年にわたって見られた現象で、それぞれの時期でそれぞれ卓越した企業が出現した。相場の研究と観察を行っていれば、新規に現れる株に気がつくはずだ。観察力と機敏性を備えたトレーダーは、相場が新たな上昇トレンドに入る前に、目ざとくそれをとらえることができる。

ときどき見かけるのだが、相場全体や個別株の出来高は重要でないと無視する人がいる。本書に挙げたトレーダーたちはそのように考えなかった。個別株や相場全体が大幅値上がりするときに出来高が増えていれば、強力な需要を示す何よりも明瞭な兆候と判断したのである。

出来高は、ある株が注目を集めていることをはっきり示すサインであり、ほかの一定の要因とともに、株価が継続的に上昇する条件とみなした。株価が抵抗レベルやピボットポイントをブレイクするときに出来高が増加していれば、勢いがその株に集中しつつあることを示唆する最も重要なシグナルとなる。5人はそうした強烈なシグナルに気がつくと、即座にその株に飛び乗った。

彼らが、それぞれの戦略のなかで実行した売りのルールは数多くある。そのなかで一致して使われ、巨額の利益に大きく貢献したのは、勝ち株を大事にして売りを焦らないことである。彼らもかけだしのころは、わずかなリターンを求めて主導株を慌てて売り、何度か大きな利益を逃している。そうした経験からこのルールを学んだのだ。株を底で買って天井で売ることなど、だれにもできないと全員が分かっていた。彼らは皆、株価が吹き上げた最中に売却した。賢明な投資家は、だれでもそうするのだ。

リバモア、バルーク、ローブはいずれも、１９２９年10月の大暴落時には資金をほとんど引き上げている。前述したように、リバモアはその到来を予測し、空売りを仕掛けて最高の利益を手にした。彼らは大幅な調整が起きる前に相場から撤退した。利益が膨らんだポジションを上昇の途中で閉じるか、相場が天井を打って下落する直前に利益を確保したのである。

望みを抱いていつまでも持ち株にしがみつくのではない。相場の動きに従って臨機応変に行動するのである。

ダーバスは、ストップ注文を活用して、いつも大幅な値下がりが始まる前に利の乗った株を売り払った。

オニールは、1987年8月に主導株と相場全体が天井を打つ気配を示すのを見て手仕舞ったと述べている。そのおかげで、ダウ平均が1日に20％以上値下がりした同年10月19日の悲惨な日を避けることができた。彼はまた、2000年の春と秋に、リーダー株と市場全体が典型的なディストリビューション（売り抜け）のシグナルを示していると、IBDをとおして何度も投資家に警告を発していた。

空売りについていえば、リバモアとバルークが相当の利益を得ていたし、オニールも1960年代初頭にはコルベットとサーティン・ティードで稼いでいる。ロードとダーバスは、長期的な上昇トレンドを好み、空売りには危険なリスクが絡んでいるとして、あまり積極的には用いなかった。オニールは、非常に熟練したトレーダー以外には空売りを勧めていない。また、空売りはリスクが大きいと述べ、次の強気相場を待てば絶好のチャンスにたくさんめぐり逢えることをはっきり示している。

# 結論――時代を超えた超一流株式トレーダーの教え

時代を超えた超一流株式トレーダーのプロフィール、戦略、ルール、そしてその共通点について説明してきた。彼らを選んだ理由は、何年、何十年にもわたって利益を上げるという大きな成功を収めたことによる。それぞれの戦略を詳しく述べた著作はいずれも好評で、ベストセラーになったものもたくさんある。

どんなテーマやどんな職業を対象としても、「超一流」と題した出版物を著す際には、だれを入れてだれを外すかについていろいろな意見があることだろう。

本書ではいずれも、仕事として自分の資金によるトレードを始めるか、それを仕事の一部としている人物である。また、1890年代までさかのぼり、相場の各時代を全体としてカバーする、という観点からも選んでいる。

多種多様な経済的、社会的、政治的、革新的時期における「類似した状況」のなかで、偉大なトレーダーたちがどのように株式売買で成功を収めたかを見るのは非常に興味深い。「はじめに」で述べたように、長い年月の間には当然、成功した株式トレーダーが数多く存在し、利益を生み出す戦略やアプローチも実に多様となった。

多くのトレーダーは自分のために売買し、プライバシーを守りたいと望んでいる。一方、投資信託やヘッジファンドのプロのマネジャーのように他人の資金を運用して大成功を収めている者もいる。

後者で、恐らく一番有名でトップクラスの成功を収めた人物は、ピーター・リンチだろう。彼は1977年から1990年までの間フィデリティ・マゼラン・ファンドのマネジャーを務め、驚くべき成功を収めた。彼の書いた『ピーター・リンチの株で勝つ』(ダイヤモンド社)は、株式トレーダーが研究するのにとても良い本である。

また、ウォーレン・バフェットも有名だ。彼は、バイ・アンド・ホールド戦略に基づく長期投資により長年にわたり多くの会社に投資し、大株主として経営に関与することで名声と素晴らしい富を手中に収めた。

それはそれとして、ジェシー・リバモア、バーナード・バルーク、ジェラルド・ローブ、ニコラス・ダーバス、ウィリアム・オニールが、活動的なトレーダーとして株式市場で示した革新的な戦略と成功に異論を唱える者はいないだろう。

5人はそれぞれ、成功への固い決意をバネに、市場の勝ち組に残るのに必要な要素を学び取った。その足跡は、自らのアプローチを綿密かつ徹底的に磨き上げることで素晴らしい報いが得られることをはっきり示している。

株式市場は簡単に金持ちになれるところではない。しかし、不屈の精神と懸命の努力があれば、やがて利益が上げられるようになることを彼らは証明した。彼らの詳しい情報は5人の著作から入手できる。

ダーバスの『私は株で200万ドル儲けた』（パンローリング）には彼の最高のトレードのチャートがあって、買いと売りのポイントが示されている。

オニールの著作、特に『オニールの成長株発掘法』（パンローリング）には、過去の勝ち株のチャートが数多く掲載され、彼の戦略とルールの詳しい説明がある。IBD紙と彼のウエブサイト（http://www.investors.com/）は、相場の実際の動き方について学べる情報の宝庫であり、また彼の戦略を示す実例を数多く掲載している。

本書から得られる知見で最も興味深いのは、5人の偉大なトレーダーは異なる時期にウォール街で活躍しているにもかかわらず、成功するのに必要な基本的な素養、規律、ルールにおいて、共通のものを数多く構築しているという事実である。

私が本書を書こうと決意した主な理由は、大半の人と同じように私も株式トレードにおいて、本書に述べたほとんどすべての過ちを犯してきたことにある。ただ、私は諦めることなく研究を続けた。その間読んだ良書を左の「参照文献と参考資料」の項に掲げてある。

私はそれらの本のあちこちを何度も読み返したが、最高のトレーダーの基本原理すべてを網羅する1冊の本があれば便利だろうと考えるに至った。相場への彼らのアプローチには類似点がたくさんあることに気づいたからである。

5人が収めた成功に疑いの余地はない。また、長い年月にわたりそうした多様な相場環境のなかで大きな成果を実現できたのだから、彼らの偉業に信頼を置いてもいいはずだとも考えた。明らかになったのは、相場で利益を得たいと思うのならば、細かな点にまで熱心かつ真剣な注意を払わねばならないということである。

5人の偉大なトレーダーの全員が発見し、成功へと導いたのは、観察と研究、厳格な規律、忍耐、堅実なルールを実行する点に基づいて懸命に努力するということだ。

## ■参照文献と参考資料


・ジェシー・リバモア

エドウィン ルフェーブル『欲望と幻想の市場』(東洋経済新報社)

Sarnoff『Jesse Livermore Speculator King』

Richard Wyckoff『Jesse Livermore's Methods of Trading in Stocks』

・バーナード・バルーク

Bernard Baruch『My Own Story』

James Grant『Bernard M. Baruch: The Adventures of a Wall Street Legend』

・ジェラルド・ローブ

Gerald Loeb『The Battle for Investment Survival』

Gerald Loeb『The Battle for Stock Market Profits』

・ニコラス・ダーバス

ニコラス・ダーバス『私は株で200万ドル儲けた』(パンローリング)

Nicolas Darvas『Wall Street: The Other Las Vegas』

「Pas de Dough」(1959年5月25日付　タイム誌)

・ウィリアム・オニール

ウィリアム・オニール『オニールの成長株発掘法』(パンローリング)

ウィリアム・オニール『1銘柄投資のサクセス法』(中央経済社)

ウィリアム・オニール『オニールの相場師養成講座』(パンローリング)

・チャートほか参考資料

http://www.bigcharts.marketwatch.com/

http://www.investors.com/

**著者：ジョン・ボイク(John Boik)**
個人向け資金運用会社ストック・トレーダーズ・マネジメントのオーナー。かつては株式ブローカーで、現在はトレーダーとして活躍。トレーダーズ・プレス社の「株式週報」で人気と影響力のあるコラムを担当している。

**訳者：鈴木敏昭**
愛知県生まれ。1972年東京大学文学部言語学科卒業。訳書『板情報トレード』『スイング売買の心得』『相場勝者の考え方』『マーケットの魔術師 【大損失編】』『マーケットの魔術師 【システムトレーダー編】』（いずれもパンローリング）など多数。

※本書は、『伝説のマーケットの魔術師たち』を文庫化にあたり、改題・再編集したものです。

2009年10月3日 初版第1刷発行

PanRolling Library ㊲

黄金《おうごん》の掟《おきて》
――破産回避術

著　者　ジョン・ボイク
訳　者　鈴木敏昭
発行者　後藤康徳
発行所　パンローリング株式会社
〒160-0023 東京都新宿区西新宿7-9-18-6F
TEL 03-5386-7391 FAX 03-5386-7393
http://www.panrolling.com/
E-mail info@panrolling.com
装　丁　パンローリング装丁室
印刷・製本　株式会社シナノ

ISBN 978-4-7759-3074-8